ビジネスアイデア・テスト

事業化を確実に成功させる44の検証ツール

デイビッド・J・ブランド、アレックス・オスターワルダー 著　　杉田真 訳

Testing Business Ideas:

A Field Guide for Rapid Experimentation

David J. Bland, Alex Osterwalder

SHOEISHA

本書内容に関するお問い合わせについて

このたびは翔泳社の書籍をお買い上げいただき、誠にありがとうございます。弊社では、読者の皆様からのお問い合わせに適切に対応させていただくため、以下のガイドラインへのご協力をお願い致しております。下記項目をお読みいただき、手順に従ってお問い合わせください。

●ご質問される前に
弊社 Web サイトの「正誤表」をご参照ください。これまでに判明した正誤や追加情報を掲載しています。

 正誤表 https://www.shoeisha.co.jp/book/errata/

●ご質問方法
弊社 Web サイトの「刊行物 Q&A」をご利用ください。

 刊行物 Q&A https://www.shoeisha.co.jp/book/qa/

インターネットをご利用でない場合は、FAXまたは郵便にて、下記"翔泳社 愛読者サービスセンター"までお問い合わせください。
電話でのご質問は、お受けしておりません。

●回答について
回答は、ご質問いただいた手段によってご返事申し上げます。ご質問の内容によっては、回答に数日ないしはそれ以上の期間を要する場合があります。

●ご質問に際してのご注意
本書の対象を越えるもの、記述個所を特定されないもの、また読者固有の環境に起因するご質問等にはお答えできませんので、予めご了承ください。

●郵便物送付先およびFAX番号
送付先住所 〒160-0006 東京都新宿区舟町5
FAX番号 03-5362-3818
宛先 (株)翔泳社 愛読者サービスセンター

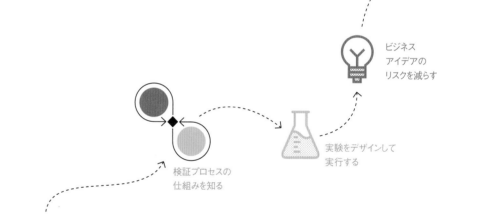

ビジネス
アイデアの
リスクを減らす

検証プロセスの
仕組みを知る

実験をデザインして
実行する

本書はこんな時に役立つ：

ビジネスアイデアの
検証を始める

どうやってビジネスアイデアを検証すればいいのか、よくわからない人。スティーブン・ブランクやエリック・リースが書いた有名なアイデア検証の本を読んだことがあるかもしれないし、ないかもしれない。いずれにしてもアイデア検証を行いたいと思っています。

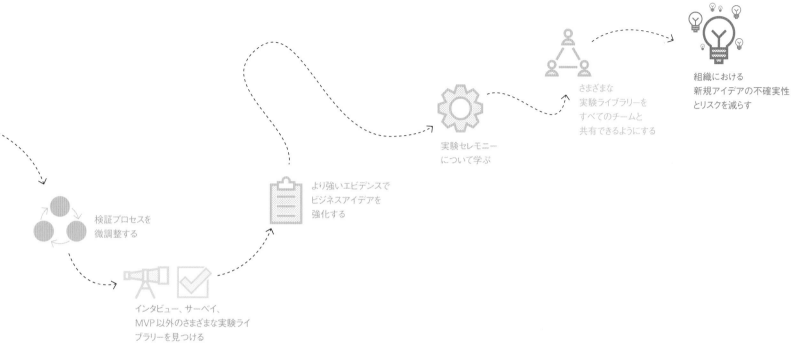

検証プロセスを
微調整する

インタビュー、サーベイ、
MVP以外のさまざまな実験ライ
ブラリーを見つける

より強いエビデンスで
ビジネスアイデアを
強化する

実験セレモニー
について学ぶ

さまざまな
実験ライブラリーを
すべてのチームと
共有できるようにする

組織における
新規アイデアの不確実性
とリスクを減らす

検証スキルを
高める

ビジネスアイデアの検証についてよく知っている人。
主要な解説書はすべて読んでいて、複数のプロジェク
トに取り組み、MVP（実用最小限の製品）を開発した
経験もあります。現在、検証スキルをさらに向上させ
たいと考えています。

組織内での検証を
より大規模にする

組織の検証活動を体系化・大規模化する任務を負う
人。こうした問題に関して豊富な経験があり、現在、
すべてのチームで使える最新の実践的な方法を探して
います。

本書は、**企業内イノベーター、
スタートアップ起業家、
ソロプレナー（個人起業家）**に
向けて書かれました。

本書の対象読者のうち、どれに当てはまるでしょうか?

☐ **企業内イノベーター**　大きな組織の制約の中で
現状を打破するビジネスを創出しようとしている。

☐ **スタートアップ起業家**　チームや共同創業者や
投資家の時間、エネルギー、資金を無駄にせず
にビジネスモデルの構成要素を検証したい。

☐ **ソロプレナー**　サイドビジネスを持っている。ある
いは、アイデアはあるがビジネスはまだ始めていな
い。

以下のどの項目に当てはまるでしょうか?

☐ 従来の手法（フォーカス・グループ、インタビュー、サーベイなど）だけでなく、新しい実験も試したい。

☐ 新事業を成功させたいが、アイデア検証で意図せずに会社のブランドを傷つけたくない。

☐ 破壊的なイノベーションを起こすには、責任を取り、エビデンスを見つける専門の検証チームが必要だと考えている。

☐ 会社の体制が未熟なまま事業を拡大することが危険だとわかっている。ビジネスモデルをしっかり検証して、進路が間違っていないというエビデンスがほしい。

☐ 限られたリソースを賢く分配し、強いエビデンスに基づいて意思決定しなければならない。

☐ スタートアップを成功させるために多忙な日々を送っており、時間に余裕がない中、最も重要なことに時間を割きたい。

☐ 自分たちへの投資が実を結ぶと示すために、事業が成長していることを示すエビデンスが必要。

☐ 大企業はもちろん、資金提供を受けたスタートアップのようなリソースを持っていない。

☐ ビジネスの経験がほとんど、あるいはまったくない。深夜や週末を有効に使って事業を成功させたい。

☐ いずれフルタイムで専念したいが、リスクが高い。行動を起こすまえに有望なアイデアかどうか知りたい。

☐ 起業家精神について書かれた本を何冊か読んだ。今度はアイデアの検証方法や実験の種類についての説明がほしい。

よいアイデアを有効な
ビジネスに変える方法

プレゼンテーションがすばらしい、スプレッドシートがわかりやすい、事業計画が魅力的……。そんな理由から、多くの起業家やイノベーターがアイデアをすぐに実行しようとします。でも結局、自分のビジョンが間違っていたことに気づかされます。

カスタマー・ディベロップメントと
リーンスタートアップを体系的に利用する

本書は、スティーブン・ブランクの重要な著書に基づいています。そのカスタマー・ディベロップメントのメソッドと、ビジネスアイデアを検証するために「ビルの外へ出る」という発想が発端となり、エリック・リースがリーンスタートアップと名づけた動きが広まりました。

エビデンスがないままビジネスアイデアを実行するミスを犯してはなりません。アイデアが理論上どんなにすばらしかったとしても、徹底的に検証しましょう。

| アイデア | 調査と検証 | 実行 | ビジネス |

「どんなビジネスプランも顧客との
接触がなければ成功しない」

スティーブン・ブランク
カスタマー・ディベロップメントの発案者、リーンス
タートアップの生みの親

アイデアの強化に本書の
実験ライブラリーを利用しよう

検証とは、理論上はよく見えても、実際には役に立たないアイデア
を追求してしまうリスクを減らす行為です。こうしたリスクに対処する
には、素早く実験を行ってアイデアを検証する必要があります。
　本書は、エビデンスでアイデアを強化するためのさまざまな実験
ライブラリーを紹介しています。時間、エネルギー、リソースの無
駄使いを防ぐため、アイデアの妥当性をさまざまな面から検証しましょ
う。

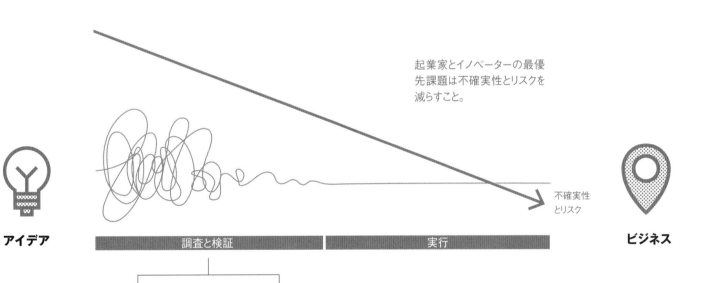

起業家とイノベーターの最優
先課題は不確実性とリスクを
減らすこと。

不確実性
とリスク

アイデア

調査と検証

実行

ビジネス

顧客発見
全体的な方向性が
正しいかどうかを見極める。
基本的な前提を検証する。
最初のインサイトに基づき
すぐに軌道修正する。

顧客実証
選択した方向性を実証する。
ビジネスアイデアの
有効性を強いエビデンスで
裏づける。

本書は、スティーブン・ブランクの『スタートアップ・マニュア
ル』（翔泳社）で解説している「顧客発見」と「顧客実証」
の概念を、ビジネスアイデアの検証プロセスの土台にして
います。

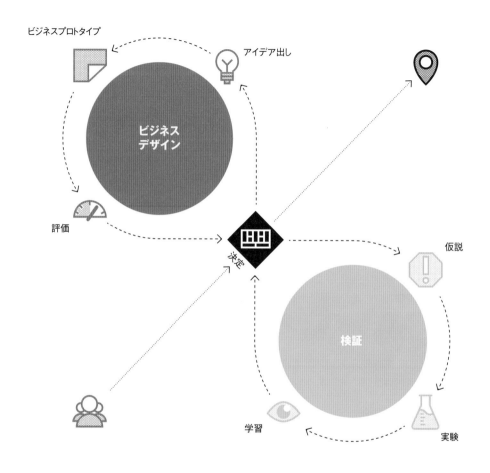

ビジネスプロトタイプ

アイデア出し

ビジネス
デザイン

評価

決定

仮説

検証

学習

実験

反復
プロセス

X

ビジネスコンセプトのデザイン

ビジネスデザインとは、漠然としたアイデア、市場イ
ンサイト、エビデンスを具体的な価値提案（バリュー・
プロポジション）や確かなビジネスモデルに変える行
為です。よいデザインには、有力なビジネスモデル
のパターンが活用されています。これにより、リター
ンの最大化や、製品、価格、テクノロジー以外の
面の競争力強化が可能になります。

　リスクとは、ビジネスが主なリソース（テクノロジー、
知的財産、ブランドなど）にアクセスできない、主な
活動を実行する能力を開発できない、価値提案を
構築・拡大するキーパートナーを見つけられないとい
うことです。

 アイデア **+**  **ビジネスモデル** **+** **価値提案** **=**

検証とリスクの軽減

大きなビジネスアイデアは、検証可能な仮説のチャンク（かたまり）に分割してから検証します。これらの仮説は次の3つのリスクに分類できます。

　1つ目は、顧客がアイデアに興味を持ってくれない「魅力性のリスク」。2つ目は、アイデアを具体化して顧客に届けられない「実現可能性のリスク」。3つ目は、アイデアから十分な利益が得られない「存続可能性のリスク」です。右下の図の通り、ビジネスモデル・キャンバスの9つの要素を3つのリスクに分割することができます。

　最も重要な仮説は適切な実験で検証します。各実験は学習や決定に必要なエビデンスやインサイトを生み出します。エビデンスやインサイトに基づいて、方向性が間違っていることがわかったら、アイデアを修正します。また、方向性が合っていることをエビデンスが示すのなら、アイデアを別の側面からさらに検証します。

重要な仮説 ＋ **実験** ＋ **重要なインサイト** ＝ **不確実性とリスクの軽減**

魅力性のリスク
顧客がアイデアに興味を持ってくれない

ターゲットにしている市場が小さすぎる。提案している価値を求める顧客がほとんどいない。ターゲット層へのアピール、新規顧客の獲得、既存顧客の維持ができない。

実現可能性のリスク
アイデアを具体化して顧客に届けられない

ビジネスが主なリソース（テクノロジー、知的財産、ブランドなど）にアクセスできない。主な活動を実行する能力を開発できない。価値提案を構築・拡大するキーパートナーを見つけられない。

存続可能性のリスク
アイデアから十分な利益が得られない

ビジネスが収入の流れを生み出せない。顧客がお金を払いたがらない。コストがかかりすぎて持続的な利益が得られない。

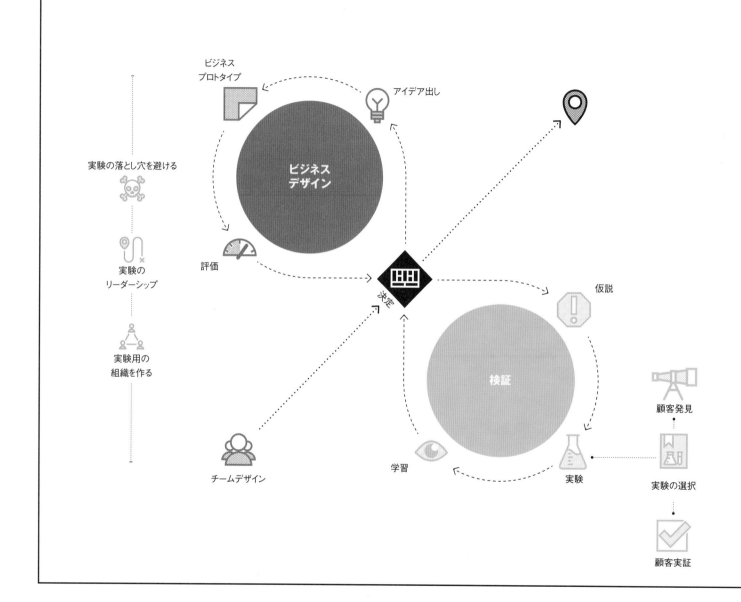

デザ

Design

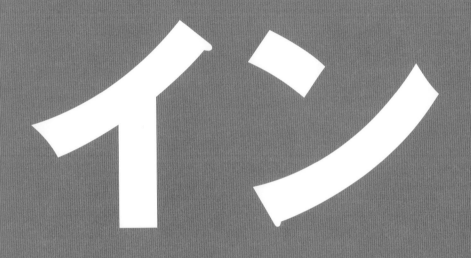

「メンバーがいてこそ、チームは強い。
チームがあってこそ、メンバーは強い」

――――

フィル・ジャクソン
（元NBAコーチ）

セクション 1—デザイン

1.1—チームをデザインする

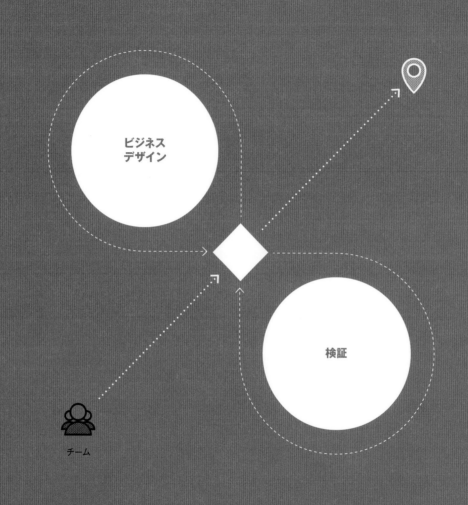

ビジネス
デザイン

検証

チーム

チーム

行動

環境

概要

チームデザイン

ビジネスを生み出すために
必要とされるチームとは?

世界中のさまざまなチームと協力してきた経験から言えるのは、ビジネスの成功には優れたチームが欠かせないということです。創業間もないなら、創業チームがすべてをつなぐ役割を果たします。会社に属しているのなら、新事業の創出に特化したチームが必要になります。ソロプレナーなら、最終的に結成するチームがビジネスの成否を分けるでしょう。

役割横断型スキル

役割横断型チームは、製品を世に出したり、顧客から学習したりするときに必要とされる主な能力をすべて備えています。典型的な役割横断型チームを構成する役割には、デザイン、プロダクト、エンジニアリングが挙げられます。

出典:ジェフ・パットン

**ビジネスアイデアの検証に
必要なスキル**

デザイン	セールス
プロダクト	マーケティング
テクノロジー	リサーチ
法務	財務
データ	

不足しているスキルを手に入れる

必要なスキルがすべてそろっていない場合や、外部のチームメンバーと連携できない場合は、ツールの使用を検討しましょう。

検証ツール

市場で入手可能なツールを使えば、次のようなことが簡単にできます。

・ランディングページの作成
・ロゴのデザイン
・オンライン広告の掲載

専門知識はほとんど、あるいはまったく必要ありません。

起業家の経験

成功したビジネスが先人の経験から何らかの恩恵を受けていることは、決して偶然ではありません。

起業家の多くは、何度も失敗経験を重ねた末に成功を収めています。たとえばゲームメーカーのロビオ・エンターテインメントは、6年の歳月と51の失敗作を経て、ようやく大ヒット作の『アングリーバード』を生み出しました。

多様性

「多様性のあるチーム」とは、さまざまな人種、民族性、ジェンダー、年齢、経験、思想を持つメンバーで構成されているチームです。現在はかつてないほどに、新しいビジネスが実世界の人と社会に影響を与えています。したがって、チームメンバー全員が似たような人生経験、思想、容姿の持ち主だったら、不確実な世界を生き残るのは難しくなります。

多様な経験や意見がないチームでは、自分たちのバイアスが色濃く反映されたビジネスになってしまいます。

　多様性をチーム結成時からの最優先課題にしましょう。さまざまな経歴を持つリーダーシップチームを組織して、多様性の見本を示しましょう。画一的なチームによって生じる問題は、あとから修正することがとても難しいものです。

概要

チーム行動

チームに必要とされる行動とは?

チームをデザインできればそれで十分というわけではありません。自分自身には起業家としての経験があるかもしれないけれど、チームもまた起業家マインドが必要なのです。本書は、成功するチームの行動の特徴を6つのカテゴリーにまとめています。

成功するチームの 6つの特徴

1. データ活用型

チームはデータ主導型である必要はないけれど、データ活用型でなければなりません。どのチームも、実装したい機能をすべて実装する余裕はありません。そこで、データに基づいて何を優先するか、どんな戦略にするかを決めます。

2. 実験主導型

進んで試行錯誤を行います。機能の提供にフォーカスするだけでなく、実験によって最もリスクが高い仮説を徹底的に検証して理解しようとします。何を明らかにしたいかによって、適切な実験を選びます。

3. 顧客中心主義

新しいビジネスを創出するには、その裏にある「なぜ」を知らなければなりません。それにはまず、顧客との継続的な結びつきが必要になります。新規顧客の体験や製品そのものだけにとどまらず、「なぜ」を解明しようとします。

4. 起業家精神

素早く行動し、アイデアを実証します。チームの危機感が実行可能な結果を生み出す原動力になっています。また、問題があれば素早く創造的な解決策を生み出します。

5. 反復アプローチ

実験を繰り返して、望ましい結果を得ることをチームの目標にしています。反復アプローチは解決策がわからないことを前提にしています。したがって、納得できる結果が得られるまでさまざまな方法を実践します。

6. 前提を疑う

現状や固定観念を打破しようとします。無難な方法に満足せず、大きな成果につながる破壊的なビジネスモデルを試します。

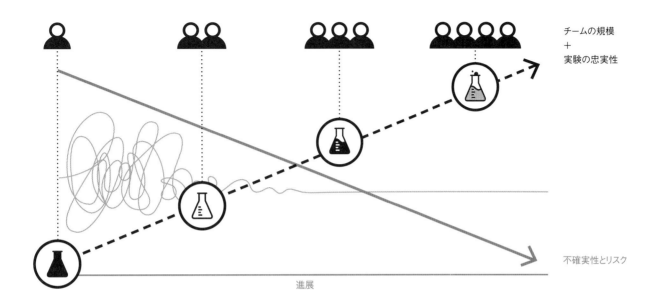

チームの規模
＋
実験の忠実性

不確実性とリスク

進展

チームを拡大する

初めは1人でも、実験が複雑化するにつれて、追加メンバーが必要になるでしょう。製品と市場のフィットを実現し、正しい方向性を見つけ、規模を拡大していくにつれ、チームメンバーも増やして構成を変える必要が生じます。

概要

チーム環境

チームが成長するにはどんな環境が必要?

新たなビジネスチャンスを模索するには、チームに協力的な体制が必要です。失敗を許さない環境では、チームの水準を維持できません。挑戦には失敗がつきものですが、失敗することがチームのゴールではありません。チームのゴールは、競合よりも早く学習し、その知識を行動に移すことです。リーダーは、それを可能にする環境を意識的に整備しなければなりません。さもないと、いくら適切な行動が取れる理想的なチームであっても、挫折してしまうでしょう。

チームが必要としているのは……

専念できる環境

チームは1つの仕事に専念できる環境を必要としています。マルチタスクで複数のプロジェクトを行おうとすると、どのプロジェクトも進捗が遅くなります。たとえチームの規模が小さくても、1つの仕事に専念できるチームは、そうでないチームより生産性が高いです。

資金

実験には金がかかります。資金提供をしないでチームが成果を上げることを期待するのは非現実的です。マンスリー・レビュー (p. 80) でチームがステークホルダーに報告した内容に基づき、ベンチャーキャピタル的なアプローチで徐々に提供額を増やしていきましょう。

自主性

チームは自分の裁量で活動できなければなりません。チームの活動を細かく管理しようとすると、プロジェクトに悪影響を及ぼします。過度に干渉せず、目標に向けてどの程度進んでいるのか、チームメンバー自身に振り返らせましょう。

会社が提供しなければならないのは……

サポート

リーダーシップ

チームはリーダーから適切な支援を得られる環境を必要としています。解決策が見つからないときは、「ファシリテーション型リーダーシップ」が理想的です。リーダーはトップダウンで答えを与えるのではなく、メンバー一人一人から意見を聞き出すことでチームをリードします。ボトルネックは常にボトルの上部にあります。つまり、メンバーの個性を活かすも殺すもリーダー次第なのです。

コーチング

特にチームとして初めて何かに取り組む際は、コーチングを受けることがとても大切です。社内外のコーチは、チームが次に行う実験がわからず困っているときに力になります。インタビューやサーベイしか利用していなかったチームにとって、実験の経験が豊富なコーチから学べることは多いでしょう。

アクセス

顧客

チームは顧客へのアクセスを必要としています。過去には、顧客と距離を置くことが重視されてきました。でも現在は、顧客との距離を縮めて問題を解決することが欠かせません。顧客にアクセスできないチームは、推測で製品やサービスを作らなければならなくなります。

リソース

チームの成功には、リソースへのアクセスが欠かせません。リソースの利用に一定の制限を設けることは必ずしも悪いことではないけれど、それでチームが結果を出せなければ元も子もありません。結局、チームの活動を促進させ、エビデンスを得るには十分なリソースが必要になります。なおリソースは、ビジネスアイデアによって、物理的なものとデジタル的なものの2種類が存在します。

方向性

戦略

ビジネスアイデアをピボット(方向転換)、維持、または断念するには、チームの方向性や戦略が必要です。戦略が定まっていないと、ただ忙しくしているだけで進展を遂げていると勘違いしてしまうでしょう。

ガイダンス

チームが実験にフォーカスするには、方向性という制約が必要になります。類似した市場への参入であれ、まったく新しい市場の創出であれ、新たな収入源を獲得するには、チームに活動の方向性を示さなければなりません。

KPI

目標に向かって前進しているかどうかを知るためには、KPI(重要業績評価指標)が必要です。KPIのような基準がないと、新事業に投資すべきかどうかの判断が困難になります。

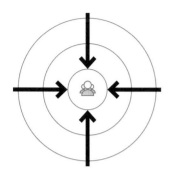

概要

チーム
アライメント

チームの方向性を一致させるために
必要なこととは?

チームにとって共通の目標、背景、言語を持っていることは重要です。チームの結成時やキックオフ時に方向性を一致させておかないと、あとで悲惨な結果を招くことになるでしょう。
　ステファノ・マストロジャコモが作成したチームアライメントマップは、生産的なミーティングの開催や会話の構造化を容易にするビジュアルツールです。チームアライメントマップによって、チームは事業の成功につながるよりよいスタートを切ることができます。

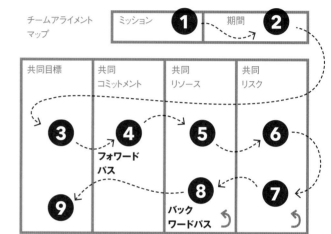

各構成要素はチームで議論が必要な重要情報を示しています。メンバーの足並みをそろえるには、早い段階で認識のズレを確認し、解消することが必要です。

1. ミッション（使命）を決定する。

2. 期間を決定する。

3. 共同のチーム目標を設定する。
   共同目標
   私たちは何を成し遂げようとしているのか?

4. メンバーのコミットメントレベルを決める。
   共同コミットメント
   誰が何をするのか?

5. 成功に必要な共同リソースを書き出す。
   共同リソース
   どんなリソースが必要か?

6. 想定される最大のリスクを書く。
   共同リスク
   チームの成功を妨げる可能性があるものは何か?

7. 最大のリスクに対処するための新たな目標やコミットメントを書く。

8. リソース制約への対処法を書く。

9. 共同の日付を設定し、実証作業に入る。

チームアライメントマップについての解説は、下記のサイトへ。
www.teamalignment.co

チームアライメントマップ

ミッション
期間

共同目標 ⊙

私たちは何を成し遂げようとしているのか?

共同コミットメント 🤝

誰が何をするのか?

共同リソース 🔋

どんなリソースが必要か?

共同リスク 👁

チームの成功を妨げる可能性があるものは何か?

teamalignment.co

「アイデアを生み出せるかどうかが
問題なのではない」
————
リタ・マグレイス
（コロンビア大学ビジネススクール教授）

1.2—アイデアを形にする

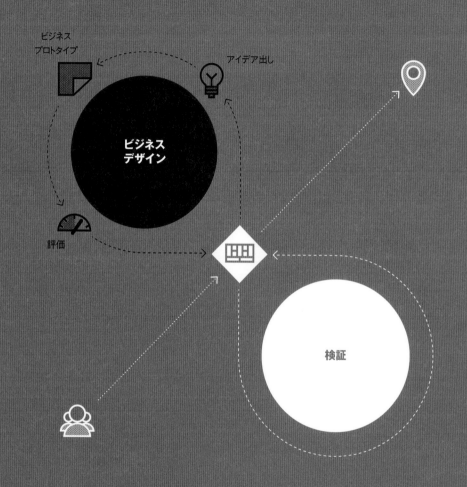

ビジネス
プロトタイプ

アイデア出し

ビジネス
デザイン

評価

検証

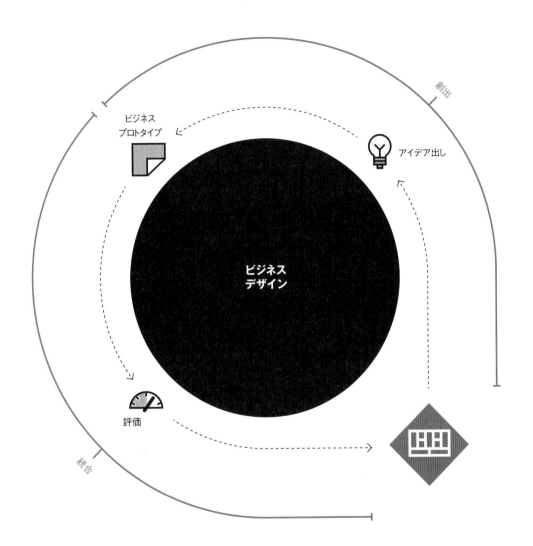

概要

ビジネス
デザイン

右図を本書では「デザインループ」と呼んでいます。この円をたどることで、ビジネスアイデアは最適な価値提案やビジネスモデルに変化します。最初の反復は、直感や出発点（プロダクトアイデア、テクノロジー、市場機会など）に基づいています。2回目以降の反復は、検証ループで得られたエビデンスやインサイトに基づいています。

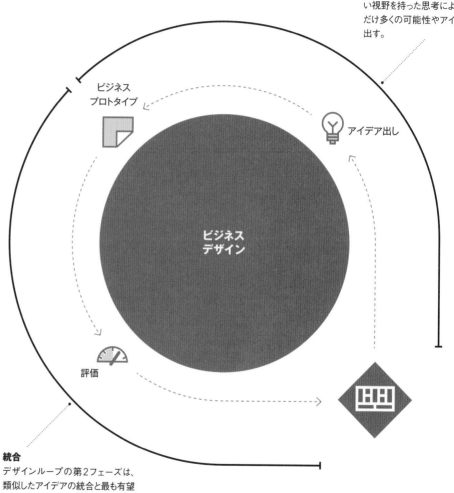

創出
デザインループの第1フェーズは、広い視野を持った思考によって、できるだけ多くの可能性やアイデアを生み出す。

ビジネス
プロトタイプ

アイデア出し

ビジネス
デザイン

評価

統合
デザインループの第2フェーズは、類似したアイデアの統合と最も有望な選択肢の絞り込みを行う。

デザインループは３つのステップからなります。

1. **アイデア出し**
   アイデアを有力なビジネスに変えるため、当初からの直感や検証で得られたインサイトをもとに、できるだけ多くのアイデアを考え出します。最初のアイデアに執着してはなりません。

2. **ビジネスプロトタイプ**
   ビジネスプロトタイプを通して、アイデア出しで得られた案を絞り込みます。最初は落書き程度のプロトタイプから始め、のちにバリュー・プロポジション・キャンバスやビジネスモデル・キャンバスを利用してアイデアを具体化できます。本書では、この２つのツールを使ってアイデアを検証可能なチャンクに分割します。ビジネスプロトタイプは、アイデア検証で得られたインサイトをもとに改良を重ねていきます。

3. **評価**
   ビジネスプロトタイプのデザインを評価します。「これは顧客のジョブ、ペイン、ゲインに対処するベストな方法なのか?」、「これはアイデアを収益化するベストな方法なのか?」、「検証で発見したことが考慮されているのか?」といった問いかけを行います。ビジネスプロトタイプのデザインに満足したら、実地での検証を開始します。あるいは、さらなる実験を予定しているなら、検証の続きを行います。

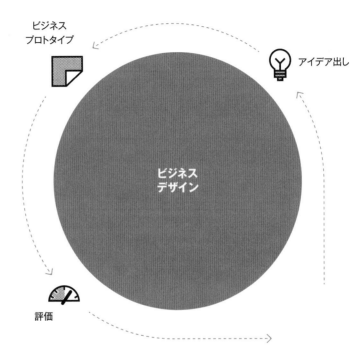

注意
本書はビジネスアイデアの検証にフォーカスしており、アイデアやビジネスプロトタイプの検証に必要な実験ライブラリーを提供しています。ビジネスデザインについて詳しく知りたい場合は、『ビジネスモデル・ジェネレーション』（翔泳社）や『バリュー・プロポジション・デザイン』（翔泳社）を読むか、フリーのオンライン資料をダウンロードしてください。

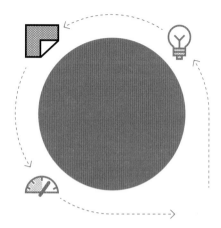

概要

ビジネスモデル・キャンバス

ビジネスモデル・キャンバスは、リスクの定義、検証、管理に役立ち、アイデアをビジネスモデルに変える重要なツールです。本書では、ビジネスモデル・キャンバスを使用してアイデアの魅力性、実現可能性、存続可能性を定義しています。本書を利用するにあたり、ビジネスモデル・キャンバスを熟知している必要はありませんが、概念や使用法について詳しく知りたい場合は、オンラインで学習するか『ビジネスモデル・ジェネレーション』（翔泳社）を読むことをお勧めします。

収入の流れ
各顧客セグメントから生み出される収入。

顧客セグメント
ターゲットにしている集団や組織。

主なリソース
ビジネスモデルを機能させるうえで最も重要な資産。

価値提案
特定の顧客セグメントに対する価値を創出する製品とサービスの組み合わせ。

主な活動
ビジネスモデルを機能させるうえで最も重要な活動。

チャネル
特定の顧客セグメントに価値提案を届けるための手段。

キーパートナー
ビジネスモデルを機能させるために必要なサプライヤーやパートナー。

顧客との関係
特定の顧客セグメントと築く関係。

コスト構造
ビジネスモデルの運用で発生するすべての費用。

ビジネスモデル・キャンバスについて詳しく知りたい場合は、下記のサイトへ。
strategyzer.com/books/business-model-generation

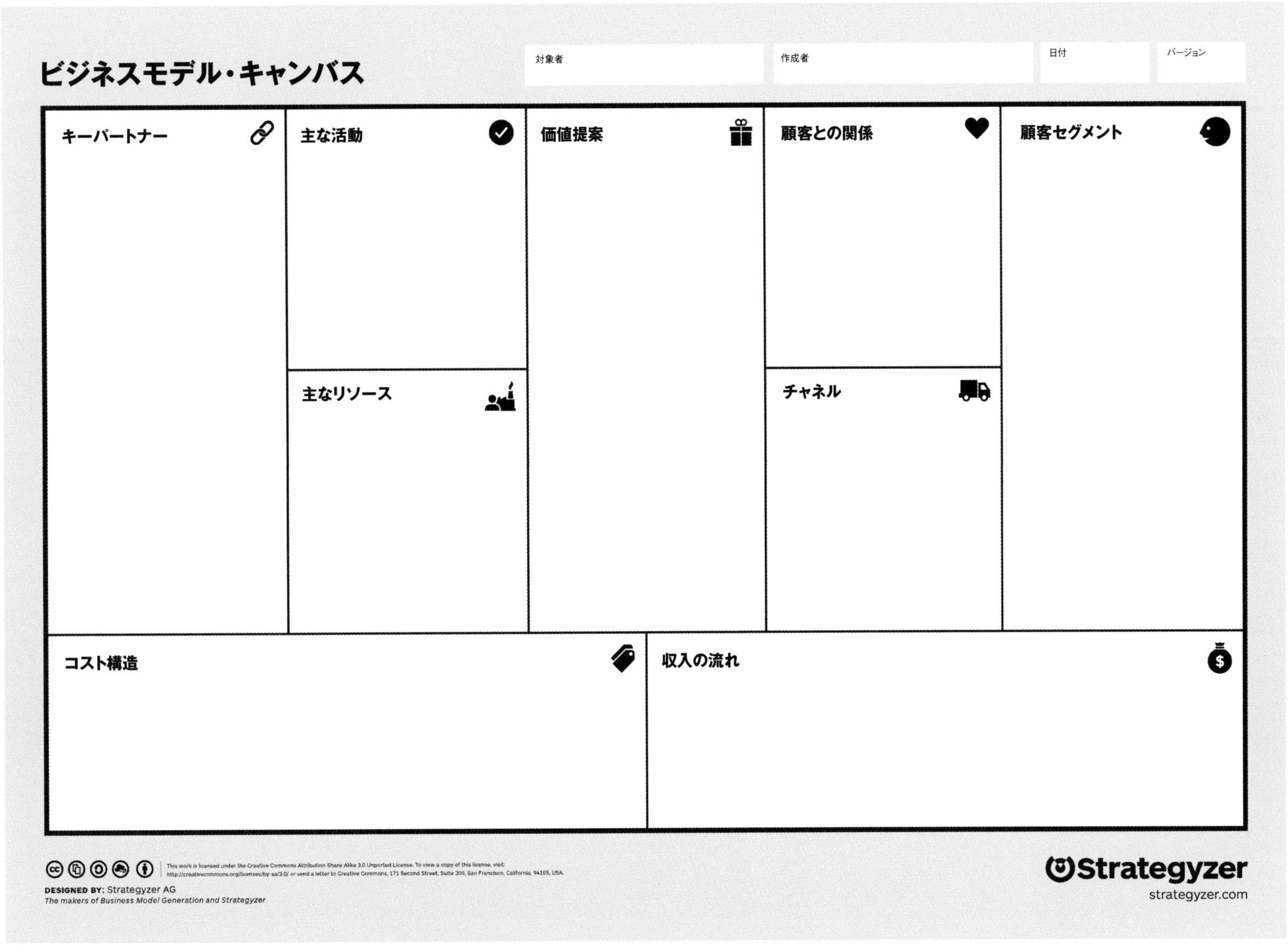

ビジネスモデル・キャンバス
対象者
作成者
日付
バージョン
キーパートナー
主な活動
主なリソース
価値提案
顧客との関係
チャネル
顧客セグメント
コスト構造
収入の流れ
This work is licensed under the Creative Commons Attribution-Share Alike 3.0 Unported License. To view a copy of this license, visit: http://creativecommons.org/licenses/by-sa/3.0/ or send a letter to Creative Commons, 171 Second Street, Suite 300, San Francisco, California, 94105, USA.
DESIGNED BY: Strategyzer AG
The makers of Business Model Generation and Strategyzer
Strategyzer
strategyzer.com

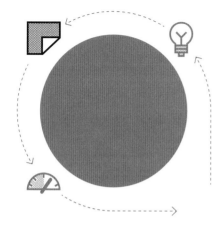

概要

バリュー・プロポジション・キャンバス

本書は実験の企画、とりわけ顧客の把握や製品とサービスの価値創出の観点からバリュー・プロポジション・キャンバスに言及しています。ビジネスモデル・キャンバスと同様に、バリュー・プロポジション・キャンバスを熟知している必要はありませんが、詳しく知りたい場合は、オンラインで学習するか『バリュー・プロポジション・デザイン』（翔泳社）を読むことをお勧めします。

バリューマップ
ビジネスモデルにおける特定の価値提案の特徴を詳細に記述したもの。

顧客プロフィール
ビジネスにおける特定の顧客セグメントを詳細に記述したもの。

製品とサービス
価値提案を作り上げている製品とサービス。

顧客のジョブ
顧客が仕事や人生で成し遂げようとしていること。

ゲインクリエーター（恩恵の創出）
顧客のゲインを生み出す製品とサービス。

ゲイン
顧客が欲している結果や具体的な恩恵。

ペインリリーバー（悩みの軽減）
顧客のペインを軽減する製品とサービス。

ペイン
顧客のジョブに関係する悪い結果、リスク、障害。

バリュー・プロポジション・デザインについて詳しく知りたい場合は、下記のサイトへ。
strategyzer.com/books/value-proposition-design

バリュー・プロポジション・キャンバス

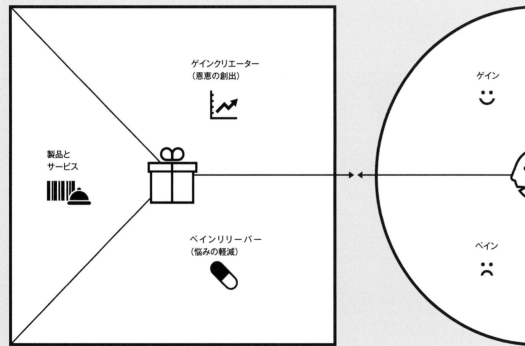

バリュー・プロポジション

製品と
サービス

ゲインクリエーター
（恩恵の創出）

ペインリリーバー
（悩みの軽減）

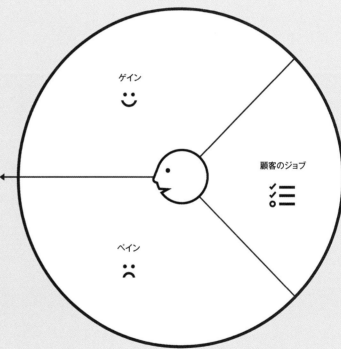

顧客セグメント

ゲイン

ペイン

顧客のジョブ

Ⓢ**Strategyzer**

strategyzer.com

Test

「スタートアップの設立時のビジョンは
科学的仮説に似ている」
————
ラシュミ・シンハ
（スライドシェア創設者）

セクション 2 — 検証

2.1 — 仮説を立てる

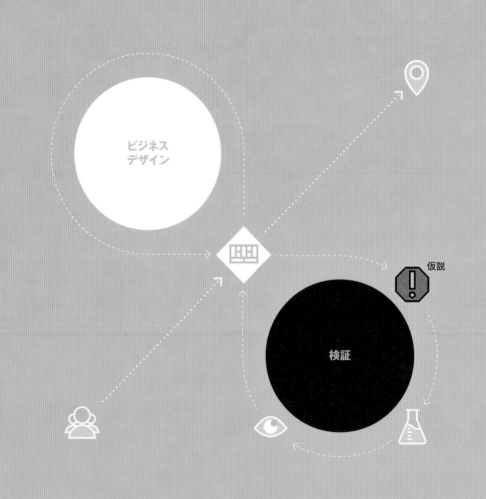

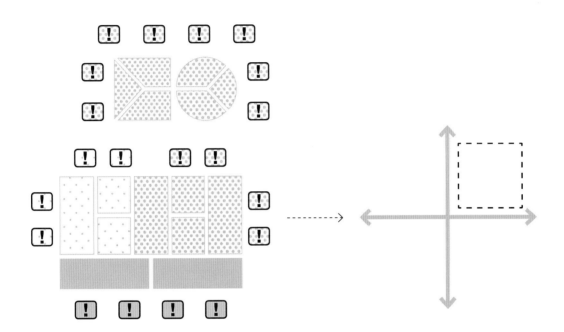

**1. アイデアの根底にある仮説を
特定する**

ビジネスアイデアを検証するに
は、アイデアの実現を阻むリスク
を明らかにしなければなりません。
それにはまず、アイデアの根底に
ある前提を検証可能な仮説に変
える必要があります。

2. 仮説の重要度を決定する

最初に検証すべき仮説を決める
には、2つの問いかけが必要に
なります。1つ目は「アイデアが
機能するために真（true）でなけ
ればならない最重要の仮説はど
れか?」であり、2つ目は「具体
的なエビデンスが欠けている仮
説はどれか?」です。

定義

仮説

仮説 (hypothesis) の語源は、古代ギリシャ語のhupothesisで、「下支えする」という意味です。仮説のことを「知識に基づく推測」と言うこともあります。仮説とは、仮定を証明または反証するための手段です。

本書では、ビジネス仮説を以下のように定義しています。

・価値提案、ビジネスモデル、ビジネス戦略の基礎になっている前提。
・ビジネスアイデアが有効かどうかを理解するために知る必要があること。

よいビジネス仮説を生み出す

ビジネスアイデアに対して真だと思う仮説を生み出すときは、「……と思う」というフレーズを書くことから始めましょう。

「ミレニアル世代の親は、子供のために『キット付き科学雑誌』を定期購読すると思う」

ただし、「……と思う」という形式ですべての仮説を立てると、確証バイアスの罠に陥る危険性があります。つまり、自分の考えに反論する代わりに、絶えず正しさを証明するようになるのです。これを回避するには、自分の思い込みが誤りであることを証明する仮説をいくつか立てましょう。

「ミレニアル世代の親は、子供のために『キット付き科学雑誌』を定期購読しないと思う」

どの仮説を検証すべきかについてチームの意見がまとまらないときは、このような矛盾した仮説を同時に検証してみましょう。

よい仮説の特徴

しっかりと構築されたビジネス仮説は、検証可能であり、正確であり、単独で成立します。その点を踏まえ、「キット付き科学雑誌」の販売についての仮説を洗練していきましょう。

	✕	○
検証可能である 仮説が、エビデンス（および経験）に基づいて、真（有効）あるいは偽（無効）であることを示せる場合、その仮説は検証可能だと言えます。	— ミレニアル世代の親は、工作雑誌のほうを選ぶと思う。	☐ ミレニアル世代の親は、子供の教育レベルに合った科学雑誌のほうを選ぶと思う。
正確である 成功のイメージが浮かぶ場合、その仮説は正確だと言えます。「何」「誰」「いつ」がはっきりしている仮説が望ましいです。	— ミレニアル世代の親は、「キット付き科学雑誌」に多くのお金を払うと思う。	☐ 5〜9歳の子供を持つミレニアル世代の親は、子供の教育レベルに合った「キット付き科学雑誌」に毎月15ドル払うと思う。
単独で成立する 調べたいことが、検証可能かつ正確なたった1つの事柄であれば、その仮説は単独で成立すると言えます。	— 「キット付き科学雑誌」を仕入れ、利益を上乗せして売れると思う。	☐ 「キット付き科学雑誌」を1セットあたり3ドル未満で仕入れることができると思う。 ☐ 「キット付き科学雑誌」を1セットあたり5ドル未満で国内販売できると思う。

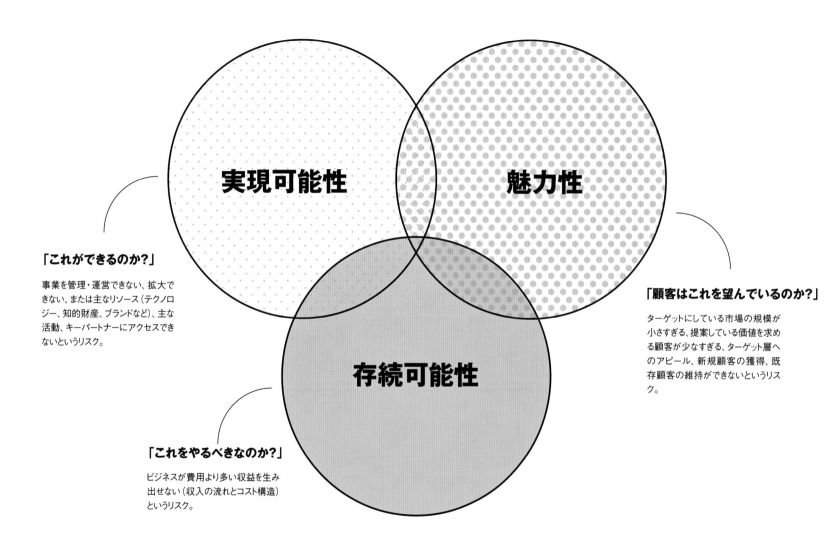

「これができるのか?」

事業を管理・運営できない、拡大できない、または主なリソース（テクノロジー、知的財産、ブランドなど）、主な活動、キーパートナーにアクセスできないというリスク。

「顧客はこれを望んでいるのか?」

ターゲットにしている市場の規模が小さすぎる、提案している価値を求める顧客が少なすぎる、ターゲット層へのアピール、新規顧客の獲得、既存顧客の維持ができないというリスク。

「これをやるべきなのか?」

ビジネスが費用より多い収益を生み出せない（収入の流れとコスト構造）というリスク。

仮説の種類

出典：ラリー・キーリー、ドブリン・グループ、 IDEO

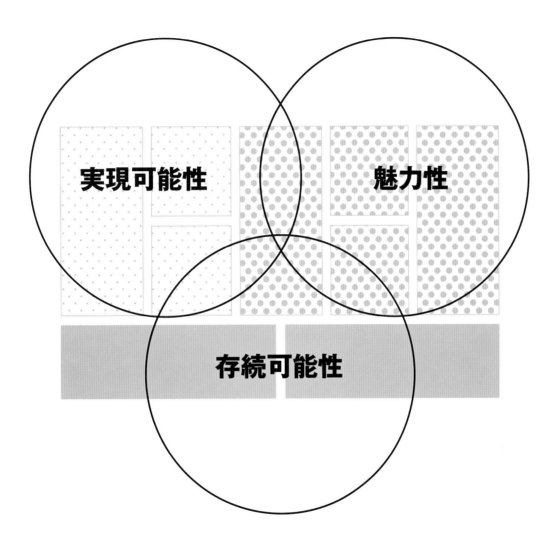

実現可能性 魅力性

存続可能性

ビジネスモデル・キャンバスにおける仮説の種類

魅力性の仮説
最初に調査する

バリュー・プロポジション・キャンバスには、バリューマップと顧客プロフィールにおける市場のリスクが含まれます。魅力性の仮説は、以下のように特定します。

ビジネスモデル・キャンバスには、価値提案、顧客セグメント、チャネル、顧客との関係における市場のリスクが含まれます。魅力性の仮説は、以下のように特定します。

検証

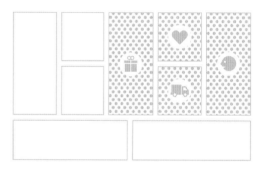

顧客プロフィール
・私たちは、顧客にとって重要なジョブに取り組んでいると思う。
・私たちは、顧客にとって重要なペインにフォーカスしていると思う。
・私たちは、顧客にとって重要なゲインにフォーカスしていると思う。

バリューマップ
・私たちの製品やサービスは、高価値のジョブを解決すると思う。
・私たちの製品やサービスは、深刻なペインを軽減すると思う。
・私たちの製品やサービスは、重要なゲインを生み出すと思う。

顧客セグメント
・私たちは、適切な顧客セグメントをターゲットにしていると思う。
・私たちがターゲットにしているセグメントは、現実に存在していると思う。
・私たちがターゲットにしているセグメントは、十分な規模があると思う。

価値提案
・私たちは、ターゲットにしている顧客セグメントに対して、適切な価値提案を持っていると思う。
・私たちの価値提案には独自性があると思う。

チャネル
・私たちは、顧客を獲得するための適切なチャネルを持っていると思う。
・私たちは、価値を提供するために、そのチャネルを使いこなせると思う。

顧客との関係
・私たちは、顧客との適切な関係を構築できると思う。
・顧客が他社の製品に切り替えることは難しいと思う。
・私たちは、顧客を維持できると思う。

実現可能性の仮説
2番目に調査する

ビジネスモデル・キャンバスには、キーパートナー、主な活動、主なリソースにおけるインフラのリスクが含まれます。実現可能性の仮説は、以下のように特定します。

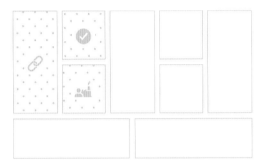

主な活動
・私たちは、ビジネスモデルの構築で求められる適切な品質水準で、すべての活動を大きな規模で実施できると思う。

主なリソース
・私たちは、ビジネスモデルの構築で必要なテクノロジーとリソース（知的財産、人材、資金など）を大きな規模で確保し、管理できると思う。

キーパートナー
・私たちは、ビジネスの構築で必要な協力関係を生み出せると思う。

存続可能性の仮説
3番目に調査する

ビジネスモデル・キャンバスには、収入の流れとコスト構造における金銭的なリスクが含まれます。存続可能性の仮説は、以下のように特定します。

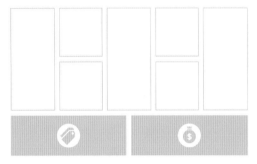

収入の流れ
・私たちは、価値提案に一定の対価を支払う顧客を獲得できると思う。
・私たちは、十分な収益を生み出せると思う。

コスト構造
・私たちは、インフラから生じるコストを管理・抑制できると思う。

利益
・私たちは、費用よりも多い収益を生み出して、利益を上げられると思う。

コアチーム

コアチームは新事業に専念する役割横断型のチームです。メンバーは、実際の顧客に製品を届け、市場から素早く学ぶために必要なプロダクト、デザイン、テクノロジーのスキルを持っています。ビジネスモデル・キャンバスをもとに仮説のマッピングを行う場合、コアチームは絶対に参加する必要があります。

拡張チーム

拡張チームは新事業に必ずしも専念していないけれども、成功のために不可欠なメンバーで構成されます。メンバーは、法務、安全、コンプライアンス、マーケティング、ユーザーリサーチなどの部門に所属しており、コアチームが仮説を検証する際に、知識やノウハウの面からサポートします。

　強力なサポートチームがないと、コアチームはエビデンスを欠いたまま、何が重要であるかについて決断を下してしまう可能性があります。

アサンプションマップ

重要性とエビデンスの観点から、魅力性、実現可能性、存続可能性の仮説を明確にし、優先順位をつけます。

独創的なアイデア、製品、サービス、価値提案、ビジネスモデル、戦略を実現するには、大きな覚悟が求められます。成否のカギは、未検証の重要な仮説が握っています。アサンプションマップは、すべてのリスクを仮説の形で明らかにします。このツールを使えば、仮説に優先順位をつけ、まずどんな実験に取り組むかを決めることができます。

出典：ジェフ・ゴーセルフ、ジョシュ・セイデン『Lean UX』（オライリージャパン）

仮説を特定する

ステップ1

付箋を用意して、1枚の付箋に以下の内容を書き、キャンバスに貼ります。

・魅力性の仮説
・実現可能性の仮説
・存続可能性の仮説

お勧めのやり方

・仮説の種類（魅力性、実現可能性、存続可能性）で付箋の色を変えること。
・現在の知識をもとに、できるだけ具体的に仮説を書くこと。
・順位付けしやすくするため、1枚の付箋に書く仮説は1つだけにすること（箇条書きにしない）。
・仮説は短く正確に。あれこれと余計なことを書かないこと。
・仮説を書くとき、チームで議論し意見をまとめること。

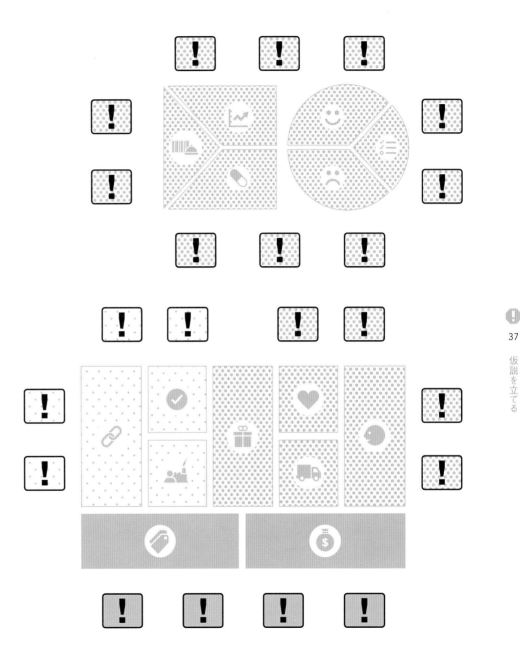

仮説に優先順位をつける

ステップ2

アサンプションマップを使い、重要性やエビデンスの有無から、すべての仮説に優先順位をつけます。

X軸（横軸）：エビデンス

X軸は、特定の仮説を実証または反証するエビデンスがどのくらいあるのか、またはないのかを示します。観測可能で適切なエビデンスがある仮説は、左側に配置します。一方、エビデンスがなく、これから生み出さなければならない仮説は、右側に配置します。

Y軸（縦軸）：重要性

Y軸は、仮説の重要性を示します。ビジネスアイデアの成功に不可欠な仮説は、上部に配置します。言い換えれば、上部にある仮説が間違っていると証明されたら、ビジネスアイデアが失敗し、他のすべての仮説が無意味になるということです。一方、優先して検証する必要がない仮説は、下部に配置します。

左上

共有

左上にある仮説をエビデンスと照合し、チームで共有します。この領域にある仮説は、本当に観測可能なエビデンスを持っているのだろうか？　あえて疑問を持ち、エビデンスの信頼性を確かめましょう。また、今後も随時これらの仮説を確認します。

右上

実験

右上の領域に注目し、最初に検証すべき仮説を特定します。まずはそれらの仮説から実験に取り組みます。こうした高いリスクのある仮説を検証できる実験を準備しましょう。

重要

エビデンスあり　　　　　　　　　　　　エビデンスなし

重要でない

リスクの高い順に仮説を並べる

ステップ3

本書では、アサンプションマップの右上の領域、すなわち重要性が高いけれどエビデンスが十分でない仮説の検証にフォーカスします。というのは、これらの仮説が間違っていると証明されたら、ビジネスが失敗してしまうからです。

魅力性の仮説の順位付け
初めに、キャンバスから魅力性の仮説の付箋をはがし、アサンプションマップに貼ります。

実現可能性の仮説の順位付け
次に、キャンバスから実現可能性の仮説の付箋をはがし、アサンプションマップに貼ります。

存続可能性の仮説の順位付け
最後に、キャンバスから存続可能性の仮説の付箋をはがし、アサンプションマップに貼ります。

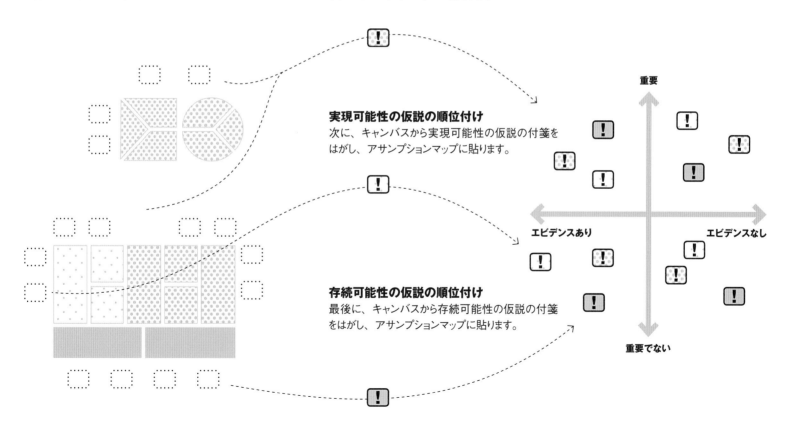

「あなたの理論が美しいかどうかは問題ではない。
あなたが賢いかどうかも問題ではない。
しかし実験結果と合致しないなら、それは間違っている」
————
リチャード・ファインマン
（理論物理学者）

セクション 2 —— 検証

2.2 —— 実験する

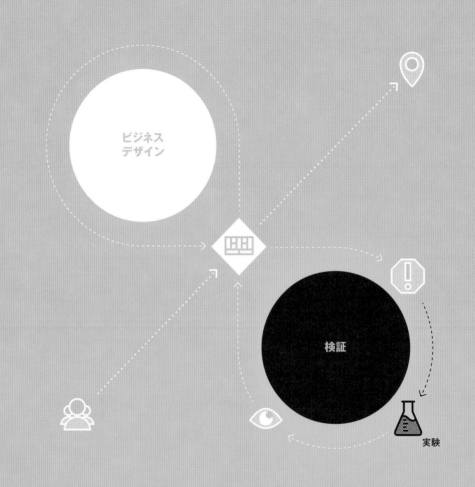

ビジネス
デザイン

検証

実験

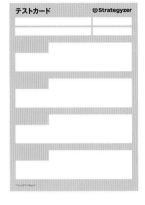

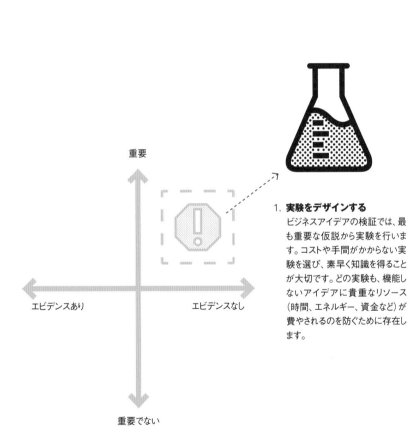

重要

エビデンスあり　　　　　　　　エビデンスなし

重要でない

1. 実験をデザインする

ビジネスアイデアの検証では、最も重要な仮説から実験を行います。コストや手間がかからない実験を選び、素早く知識を得ることが大切です。どの実験も、機能しないアイデアに貴重なリソース（時間、エネルギー、資金など）が費やされるのを防ぐために存在します。

2. 実験を実行する

どの実験も、エビデンスを得るまでに一定の時間がかかります。誤解を招く恐れのない明確なエビデンスを得るには、科学者のような態度で実験に臨まなければなりません。

定義

実験

実験とは、ビジネスアイデアの不確実性とリスクを減らす手段です。

実験は科学的手法の要となるものであり、目の構造から時間の計測まであらゆることが実験によって解明されてきました。

　昔から一貫していることは、実験はインサイトの獲得に非常に役立つ方法だということです。

　子供は誰に教わらずとも、実験を繰り返すことで自分の答えを見つけていきます。しかし、学校に通い始めると、実験は次第に理科のクラス以外では行われなくなります。彼らは、正解を見つけられるかどうかで評価されるようになります。人生では——そしてビジネスにおいても——唯一の正しい答えなどめったにないですが、減点主義が染みついた人たちは、試行錯誤をせずに、ただ正しさだけを求めるようになります。

　こうした子供が社会に出て、間違いを犯すことを恐れるのは当然だと言えます。学校教育で身につけた唯一の正解を探す思考法は、社会人になってもなかなか抜けません。

　この本を読んでビジネスアイデアの検証方法を学べば、自分のまえに1つではなく、いくつもの道がのびていることがわかるでしょう。

　実験を行うときは、幼稚園や保育園に通っていたころの大胆さや柔軟さが大切です。実験とは「構造的な創造力」のことです。自分や自分のチームが本来持っている創造力を十分に活用しましょう。

　本書では、ビジネス実験を以下のようにとらえています。

・実験は、ビジネスアイデアの不確実性とリスクを軽減する方法である。
・実験は、仮説を実証または反証する強いまたは弱いエビデンスを生み出す。
・実験ごとに必要な時間と費用が異なる。

よい実験とは？

よい実験とは、チームメンバーが再現でき、有用で比較可能なデータを生み出せる実験のことです。

- 「誰」を詳細に定義する（被験者）
- 「どこ」を詳細に定義する（テスト背景）
- 「何」を詳細に定義する（テスト要素）

実験の構成要素とは？

構成がしっかりしている実験は、以下の4つの構成要素からなります。

1. **検証する仮説**
   アサンプションマップの右上にある最も重要な仮説

2. **検証方法**
   仮説を実証または反証するために行う実験の内容

3. **計測**
   実験の一環として測定するデータ

4. **評価基準**
   実験の成功基準

CTA（行動要請）実験

被験者に観測可能な行動を促す実験で、1つ以上の仮説を検証する場合に利用されます。

複数の実験で仮説を検証する

ビジネスが成功する可能性を高めるには、さまざまな
実験を行わなければなりません。たった1回の実験
でブレイクスルーが生まれ、それが数十億ドル規模
の事業に成長すると考えるのは現実的ではありませ
ん。テストカードと実験ライブラリーを利用して適切
な実験を行い、ビジネス仮説を検証しましょう。

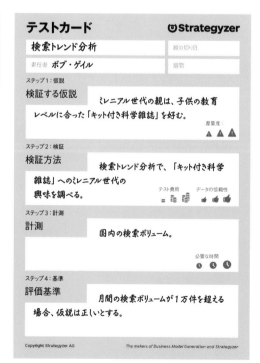

テストカード　　　　　⊎ **Strategyzer**

顧客へのインタビュー　　　　締め切り日

担当者 **グレイス・グラント**　　期間

ステップ1：仮説
検証する仮説　　ミレニアル世代の親は、子供の教育
レベルに合った「キット付き科学雑誌」を好む。
　　　　　　　　　　　　　　　　　重要度：▲ ▲ ⚠

ステップ2：検証
検証方法　　ミレニアル世代の親20人を対象に、
「キット付き科学雑誌」のニーズに
ついて話を聞く。　　テスト費用　データの信頼性

ステップ3：計測
計測　　　既存の商品では満たされない重要な
顧客のジョブ、ペイン、ゲイン。
　　　　　　　　　　　　　　必要な時間

ステップ4：基準
評価基準　　重要な顧客のジョブ、ペイン、ゲインの
8割が該当すれば、仮説は正しいとする。

Copyright Strategyzer AG　　The makers of Business Model Generation and Strategyzer

テストカード　　　　　⊎ **Strategyzer**

検索トレンド分析　　　　締め切り日

担任者 **ボブ・ゲイル**　　　期間

ステップ1：仮説
検証する仮説　　ミレニアル世代の親は、子供の教育
レベルに合った「キット付き科学雑誌」を好む。
　　　　　　　　　　　　　　　　　重要度：▲ ▲ ⚠

ステップ2：検証
検証方法　　検索トレンド分析で、「キット付き科学
雑誌」へのミレニアル世代の
興味を調べる。　　テスト費用　データの信頼性

ステップ3：計測
計測　　　国内の検索ボリューム。
　　　　　　　　　　　　　　必要な時間

ステップ4：基準
評価基準　　月間の検索ボリュームが1万件を超える
場合、仮説は正しいとする。

Copyright Strategyzer AG　　The makers of Business Model Generation and Strategyzer

テストカード　　　　　⊎ **Strategyzer**

コンシェルジュ　　　　　締め切り日

責任者 **クレア・マケイン**　　期間

ステップ1：仮説
検証する仮説　　ミレニアル世代の親は、子供の教育
レベルに合った「キット付き科学雑誌」を好む。
　　　　　　　　　　　　　　　　　順序度：▲ ⚠ ⚠

ステップ2：検証
検証方法　　ミレニアル世代の親を持つ20人の子供
に対して、「キット付き科学雑誌」を
手作業で準備する。　　テスト費用　データの信頼性

ステップ3：計測
計測　　　準備時間、準備費、発送費、親の
顧客満足度。
　　　　　　　　　　　　　　必要な時間

ステップ4：基準
評価基準　　20人中16人の親の満足度が「どちら
かと言えば満足している」あるいは「非常に満足している」な
ら、仮説は正しいとする。

Copyright Strategyzer AG　　The makers of Business Model Generation and Strategyzer

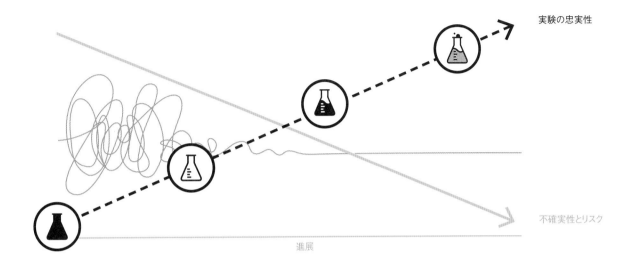

実験の忠実性

不確実性とリスク

進展

実験によって不確実性のリスクを
軽減する

本書を読み進めるにつれ、実験によって不確実性
のリスクを素早く軽減できることがわかってくるでしょ
う。顧客が存在しないラボ環境で実験を練り続ける
のではなく、リスクを段階的に減らしていくことを学べ
ます。そうすれば、適切なタイミングで、適切な忠
実性の実験を行うことができます。

「去年と変わっていないことを恥じない人は、
　　学びが足りないのだろう」
────────
アラン・ド・ボトン
（哲学者）

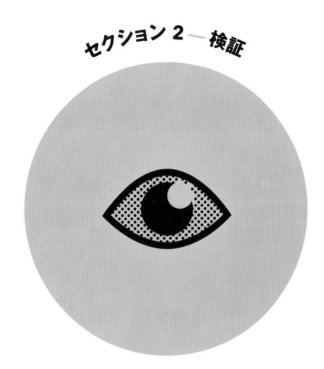

セクション 2 ── 検証

2.3 ── 学習する

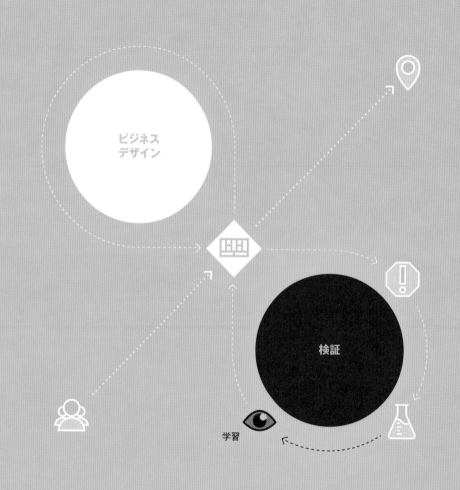

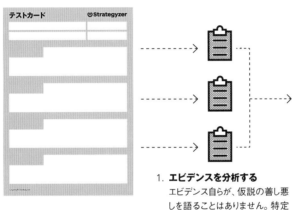

1. **エビデンスを分析する**

   エビデンス自らが、仮説の善し悪しを語ることはありません。特定の仮説を対象にした複数の実験からエビデンスを集め、それを分析することが必要です。強いエビデンスと弱いエビデンスの区別を明確にしましょう。

2. **インサイトを得る**

   インサイトとは、データを分析して得られた重要な知識のことです。インサイトによって、検証した仮説を実証または反証できます。また、アイデアがうまくいく可能性がどれくらいあるかがわかります。

エビデンスの強さ

エビデンスの強さとは、仮説を実証または反証するときに役立つエビデンスの信頼性のことです。エビデンスの強さは、以下の4項目をチェックすることで評価できます。

エビデンス

エビデンスとは？

エビデンスは調査や実験で得られたデータであり、ビジネスアイデアの仮説を実証または反証するときに使われます。エビデンスにはさまざまな形態が存在し、強さも異なります。

　本書では、ビジネス実験のエビデンスを以下のように定義しています。

・エビデンスは、実験または実地調査で得られたデータである。
・エビデンスは、仮説を実証または反証するファクトである。
・エビデンスは、形態（感想、行動、コンバージョン率、注文数、購入数など）や強さがさまざまである。

	弱いエビデンス ⟷ 強いエビデンス	
1.	**意見（信念）** 「……したい」、「……は重要だと思う」、「……と考えている」、「……が好きだ」と被験者が言うこと。	**ファクト（出来事）** 「先週……をした」、「そのような場合、普通……をする」、「……に……を支払った」と被験者が言うこと。
2.	**発言** インタビューやサーベイで語ったことは、被験者が実際に行っているとも、将来行うとも限りません。	**行動** 観測可能な行動は、被験者がどう振る舞うのかを把握したり、将来どのような行動をするのかを予想したりすることの役に立ちます。
3.	**ラボ環境** 被験者が実験中であることを意識している場合は、現実世界と違った行動を取るかもしれません。	**現実世界** 被験者に実験中であることを意識させなければ、将来行動についての信頼性の高いデータが得られます。
4.	**小さな投資** 今後の発売情報を得るためにメール配信を希望するのは、顧客にとって大した投資ではないので、関心の高さを示すエビデンスとしては弱いです。	**大きな投資** 先行購入することや、自分のプロとしての評判をかけて商品を支持することは大きな投資と言えるので、顧客の関心度を示す強いエビデンスが得られます。

実験によって得られるエビデンスが異なる

 顧客へのインタビュー

テストカード ⚙**Strategyzer**

顧客へのインタビュー	締め切り日
担当者 グレイス・グラント	期間

ステップ1：仮説
検証する仮説　ミレニアル世代の親は、子供の教育レベルに合った「キット付き科学雑誌」を好む。
重要性：▲ ▲ ⚠

ステップ2：検証
検証方法　ミレニアル世代の親20人を対象に、「キット付き科学雑誌」のニーズについて話を聞く。
テスト費用 ／ データの信頼性

ステップ3：計測
計測　既存の商品では満たされない重要な顧客のジョブ、ペイン、ゲイン。
必要な時間

ステップ4：基準
評価基準　重要な顧客のジョブ、ペイン、ゲインの8割が該当すれば、仮説は正しいとする。

Copyright Strategyzer AG　　The makers of Business Model Generation and Strategyzer

 検索トレンド分析

テストカード ⚙**Strategyzer**

検索トレンド分析	締め切り日
担当者 ボブ・ゲイル	期間

ステップ1：仮説
検証する仮説　ミレニアル世代の親は、子供の教育レベルに合った「キット付き科学雑誌」を好む。
重要性：▲ ▲ ⚠

ステップ2：検証
検証方法　検索トレンド分析で、「キット付き科学雑誌」へのミレニアル世代の興味を調べる。
テスト費用 ／ データの信頼性

ステップ3：計測
計測　国内の検索ボリューム。
必要な時間

ステップ4：基準
評価基準　月間の検索ボリュームが1万件を超える場合、仮説は正しいとする。

Copyright Strategyzer AG　　The makers of Business Model Generation and Strategyzer

コンシェルジュ

テストカード ⚙**Strategyzer**

コンシェルジュ	締め切り日
担当者 クレア・マケイン	期間

ステップ1：仮説
検証する仮説　ミレニアル世代の親は、子供の教育レベルに合った「キット付き科学雑誌」を好む。
重要性：▲ ▲ ⚠

ステップ2：検証
検証方法　ミレニアル世代の親を持つ20人の子供に対して、「キット付き科学雑誌」を手作業で準備する。
テスト費用 ／ データの信頼性

ステップ3：計測
計測　準備時間、準備費、発送費、親の顧客満足度。
必要な時間

ステップ4：基準
評価基準　20人中16人の親の満足度が「どちらかと言えば満足している」あるいは「非常に満足している」なら、仮説は正しいとする。

Copyright Strategyzer AG　　The makers of Business Model Generation and Strategyzer

---

発言のメモ

  ⚖ ● ○ ○ ○ ○

エビデンスの強さ

「他の子と同じでなく、私の子に合った実験キットがほしい」
「2年生向けの実験キットを買ったけど、内容が難しすぎた。学年レベルがちゃんと合っているのだろうか」
「無料で手に入るオンラインの実験キットは、説明書がなかったり、わかりにくかったりする」
「全部1つのパッケージに入っている実験キットなら買ってもいい」

検索ボリュームのデータ

  ⚖ ● ● ● ○ ○

エビデンスの強さ

2月：
「科学　プロジェクト　アイデア」の検索数は5,000～1万件
「幼稚園　科学　プロジェクト　アイデア」の検索数は1万～1万5,000件
「1年生　科学　プロジェクト　アイデア」の検索数は1000～5,000件
「2年生　科学　プロジェクト　アイデア」の検索数は1,000件未満
「3年生　科学　プロジェクト　アイデア」の検索数は1,000件未満

コンシェルジュのデータ

  ⚖ ● ● ● ● ●

エビデンスの強さ

準備時間　2時間／キット
準備費　10～15ドル
発送費　5～8ドル
親の顧客満足度　どちらかと言えば満足

定義

インサイト

インサイトとは?

何かを見ることと何かを見つけることは異なります。ビジネスアイデアのリスクを減らすには、エビデンスそのものではなく、エビデンスからインサイトを引き出す作業が必要です。

　本書では、インサイトを以下のように定義しています。

・インサイトは、エビデンスを検討して学習したことである。
・インサイトは、仮説の有効性と、場合によっては新しい方向性の発見に関係する知識である。
・インサイトは、データに基づく経営判断と行動のための土台である。

学習カード　　　　　　　　○Strategyzer

実験名　　　　　　　　　　　　　　　学習日

責任者

ステップ1：仮説
検証する仮説

ステップ2：観察
得たデータと結果

データの信頼性

ステップ3：学習とインサイト
結論とインサイト

必要な行動

ステップ4：決定と行動
取るべき行動

顧客へのインタビュー

テストカード　⚙Strategyzer

発言のメモ

検索トレンド分析

テストカード　⚙Strategyzer

**検索
ボリューム
のデータ**

コンシェルジュ

テストカード　⚙Strategyzer

**コンシェルジュ
のデータ**

学習カード　⚙Strategyzer

顧客へのインタビュー	学習日

責任者　グレイス・グラント

ステップ1：仮説

検証する仮説　ミレニアル世代の親は、子供の教育
レベルに合った「キット付き科学雑誌」を好む。

ステップ2：観察

得たデータと結果　ミレニアル世代の親は、子供の学習
レベルに合った解説書付きのユニークな
実験キットを欲している。

データの信頼性 👍👍👍

ステップ3：学習とインサイト

結論とインサイト　ユニークさは、これまで重視してこなかった
ジョブだった。

必要な行動 ☑☑☑

ステップ4：決定と行動

取るべき行動　次のランディングページでは、ユニークな
形で価値提案を表現する。

Copyright Strategyzer AG　　The makers of Business Model Generation and Strategyzer

---

学習カード　⚙Strategyzer

検索トレンド分析	学習日

責任者　ボブ・ゲイル

ステップ1：仮説

検証する仮説　ミレニアル世代の親は、子供の教育
レベルに合った「キット付き科学雑誌」を好む。

ステップ2：観察

得たデータと結果　ミレニアル世代の親は、科学プロジェクト
のアイデアをネットで調べている。

データの信頼性 👍👍👍

ステップ3：学習とインサイト

結論とインサイト　「幼稚園」の検索ボリュームが一番
多かった。

必要な行動 ☑☑☑

ステップ4：決定と行動

取るべき行動　幼稚園児の親のニーズをさらに
調査する。

Copyright Strategyzer AG　　The makers of Business Model Generation and Strategyzer

---

学習カード　⚙Strategyzer

コンシェルジュ	学習日

責任者　クレア・マケイン

ステップ1：仮説

検証する仮説　ミレニアル世代の親は、子供の教育
レベルに合った「キット付き科学雑誌」を好む。

ステップ2：観察

得たデータと結果　全体的なフィードバックは肯定的だった。
しかし、キットを準備するための時間と費用は予定を上回った。

データの信頼性 👍👍👍

ステップ3：学習とインサイト

結論とインサイト　顧客は満足しているが、時間と費用を
下げる方法を見つけなければならない。

必要な行動 ☑☑☑

ステップ4：決定と行動

取るべき行動　卸売業者を探し、キットを作る方法の
最適化を検討する。

Copyright Strategyzer AG　　The makers of Business Model Generation and Strategyzer

定義

自信度

自信度は、エビデンスが仮説を実証または反証するだけの強さを持っていることをどれだけ確信しているかを示します。

エビデンスやインサイトはどれも同じではありません。そのため、1つの仮説に対して複数の実験を行い、インサイトへの自信を深めなければなりません。たとえば、最初にインタビューを行って、顧客のジョブ、ペイン、ゲインのインサイトを得る。次にサーベイを行って、インサイトをもっと大きな規模で検証する。そして最後に模擬販売を行って、顧客の興味に関する最も強いエビデンスを得る、といった形が考えられます。

自信度を決定する３つの要素

1. **エビデンスの種類と強さ**
   エビデンスの種類によってそれぞれ強さが異なります。インタビューにおける顧客の発言は、彼らの将来行動についての比較的弱いエビデンスですが、模擬販売の購入数は、非常に強いエビデンスです。1つの実験に対して集めたエビデンスの種類が、インサイトの信頼性を左右します。

2. **実験ごとのデータの数**
   データは多ければ多いほどいいです。インタビューの回数が5回と100回では、後者のほうが強いエビデンスです。しかしデータの数が同じでも、匿名のサーベイのほうが確度は落ちます。

実験の種類	エビデンスの強さ	データの数	エビデンスの質
顧客への インタビュー	●○○○○	10人	低い
顧客発見 サーベイ	●●○○○	500人	低い
模擬販売	●●●●○	250人	非常に高い

仮説の自信度

実験、エビデンス、インサイトに基づいて、仮説を実証または反証することにどれくらい自信があるでしょうか?

とても自信がある
非常に強いエビデンスが得られるCTA（行動要請）検証を含む複数の実験を行った。

やや自信がある
強いエビデンスが得られる複数の実験を行った。または、特に強いエビデンスが得られるCTA検証を行った。

あまり自信がない
行動の意思を確認するインタビューやサーベイを何回か行ったが、回答と実際の行動は違う可能性があるので、より強いエビデンスが得られる実験をより多く行う必要がある。

まったく自信がない
インタビューやサーベイのような弱いエビデンスが得られる実験をまだ1回しか行っておらず、実験回数を増やさなければならない。

3. **同じ仮説に対して行った実験の回数と種類**
同じ仮説に対して行った実験の回数にしたがって、自信度は上昇します。1回だけしかインタビューを行わないよりも、3回行うほうがいい。同じ仮説に対して、インタビュー、サーベイ、模擬販売のように複数の実験を行うほうがさらにいい。より強いエビデンスの実験へと移っていくことで、多くのインサイトが得られます。

「すぐに行動に移す人になりなさい。
今、行動で示しなさい。
大きな計画は小さな段階に分けて、
今すぐ第一歩を踏み出すのです」
————
インディラ・ガンディー
（元インド首相）

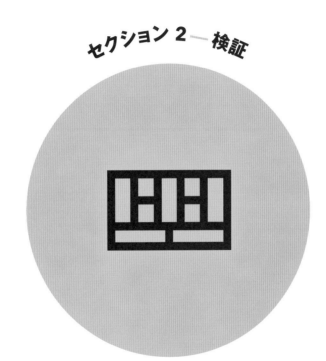

2.4 — 決定する

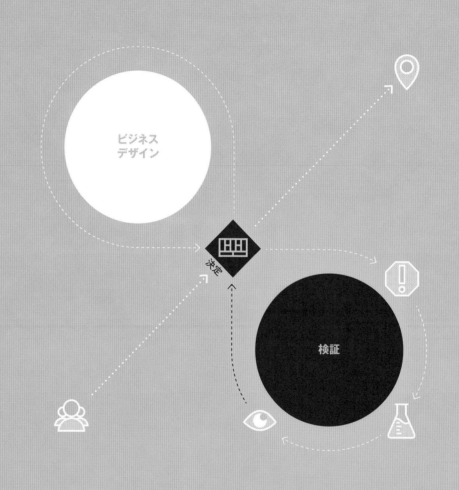

ビジネス
デザイン

決定

検証

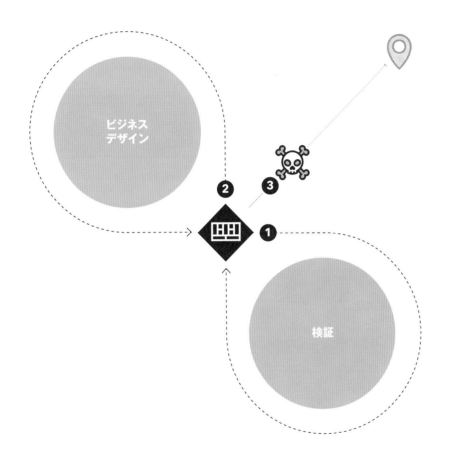

1. **アイデアを維持する**

   エビデンスやインサイトに基づいて、アイデア検証を継続します。同じ仮説をより強力な実験でさらに検証するか、次に重要な仮説に移行します。

2. **アイデアをピボットする**

   アイデア、価値提案、ビジネスモデルの1つまたは複数の要素に大幅な変更を加えます。ピボットを行うと多くの場合、新たに選択した方向性に対し初期のエビデンスが無効になります。通常、検証済みのビジネスモデルの要素を再検証しなければなりません。

3. **アイデアを断念する**

   エビデンスやインサイトに基づいて、アイデアを捨てます。アイデアが実際には有効でないことや、得られる利益が不十分であることがエビデンスからわかる場合に、この決定が下されます。

定義

決定する

インサイトを行動に変えるには？

誰よりも早く学習するだけではもはや不十分です。学習したことには有効期限があるため、すぐに行動に移さなければなりません。もし、現代は過去のどんな時代よりも流行り廃りが激しいと感じているのなら、それはおそらく正しいでしょう。現代の人間が1年間に触れる情報量は、1900年代初頭の人間が触れる一生分の情報量よりも多いのです。市場もテクノロジーも変化が速いので、得られたインサイトは数カ月、あるいは数週間、ひょっとしたら数日しかもたないでしょう。

　本書では、行動を以下のように定義しています。

- 行動は、ビジネスアイデアを検証し、リスクを軽減するために次のステップに進むことである。
- 行動は、収集したインサイトに基づいて、決定を下すことである。
- 行動は、ビジネスアイデアの断念、変更、あるいは検証の継続を決定することである。

学習カード　😊Strategyzer

実験名	学習日

責任者

ステップ1：仮説

検証する仮説

仮説

ステップ2：観察

得たデータと結果

エビデンス

データの信頼性

ステップ3：学習とインサイト

結論とインサイト

インサイト

必要な行動

ステップ4：決定と行動

取るべき行動

行動

The makers of Business Model Generation and Strategyzer

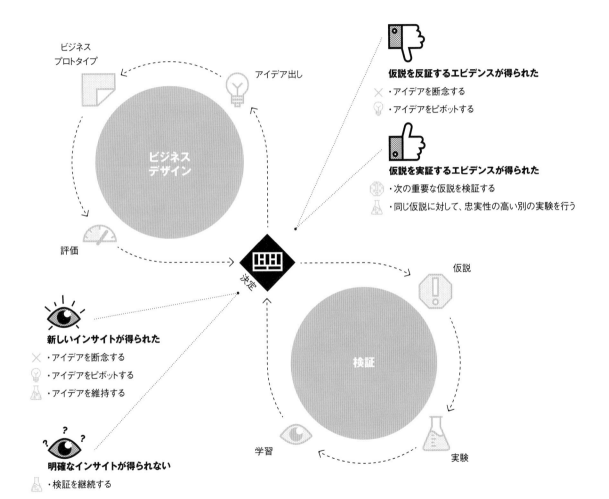

ビジネス
プロトタイプ

アイデア出し

ビジネス
デザイン

評価

仮説を反証するエビデンスが得られた

✕ ・アイデアを断念する

💡 ・アイデアをピボットする

仮説を実証するエビデンスが得られた

🎛 ・次の重要な仮説を検証する

⚗ ・同じ仮説に対して、忠実性の高い別の実験を行う

決定

仮説

検証

新しいインサイトが得られた

✕ ・アイデアを断念する

💡 ・アイデアをピボットする

⚗ ・アイデアを維持する

明確なインサイトが得られない

⚗ ・検証を継続する

学習

実験

「コミュニケーションにおける唯一最大の問題は、
それがなされたという錯覚だ」
——————
ジョージ・バーナード・ショー
（劇作家、政治活動家）

セクション 2 — 検証

2.5 — 管理する

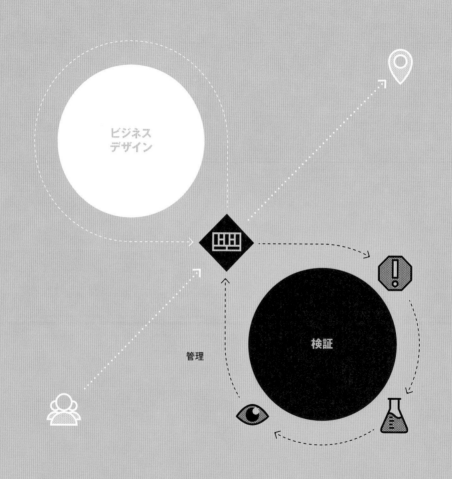

ビジネス
デザイン

管理

検証

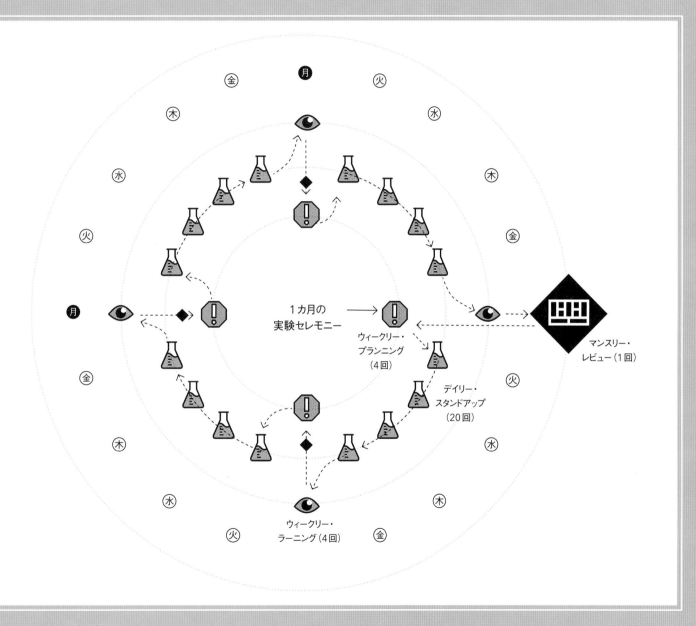

１カ月の
実験セレモニー

ウィークリー・
プランニング
（4回）

デイリー・
スタンドアップ
（20回）

ウィークリー・
ラーニング（4回）

マンスリー・
レビュー（1回）

実験セレモニー

セレモニー（儀式）は連携を深めてくれるものであり、実験においても同じです。新事業の成功を目標とするなら、そのために複数の実験を行わなければならないでしょう。そこでお勧めなのが、反復可能なプロセスを生み出す一連の実験セレモニーです。各セレモニーは前後のセレモニーと関係が深く、全体として1つのシステムを構成しています。

私たちはアジャイル開発、デザイン思考、リーン方式といった方法論からインスピレーションを得て、ビジネス実験を反復可能なプロセスに変えることに長年取り組んできました。この一連の実験セレモニーは、その取り組みの成果です。

セレモニーの種類	時間	参加者	アジェンダ
ウィークリー・プランニング（立案）	毎週 30〜60分	● コアチーム	学習のゴール 優先順位の決定 タスクの割り当て
デイリー・スタンドアップ（立ち会議）	毎日15分	● コアチーム	学習のゴール 進捗の阻害要因 支援が必要なタスク
ウィークリー・ラーニング（学習）	毎週 30〜60分	○ 拡張チーム ● コアチーム	エビデンスの統合 インサイトの獲得 戦略の練り直し
バイウィークリー・レトロスペクティブ（振り返り）	隔週 30〜60分	● コアチーム	順調に進んでいること 改善が必要なこと 次に取る行動
マンスリー・レビュー（戦略会議）	毎月 60〜90分	◉ ステークホルダー ○ 拡張チーム ● コアチーム	学習内容の報告 進捗の阻害要因 方針決定

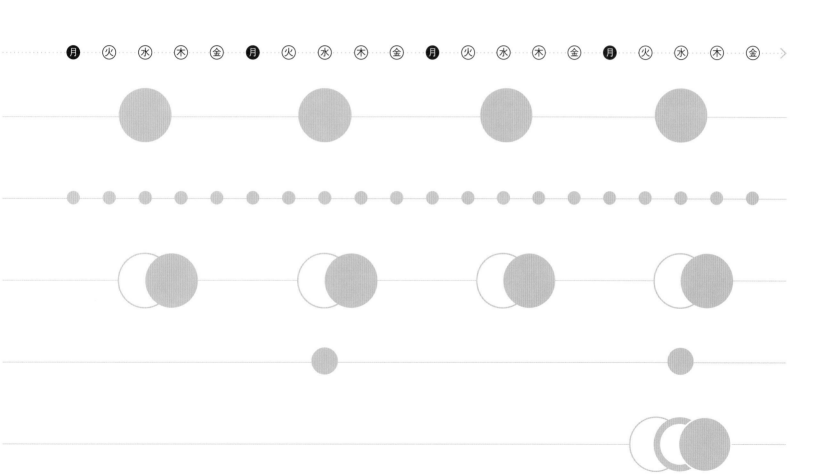

スペース共有型チーム？　分散型チーム？

技術の進歩が著しいビジネス環境において、同じ空間を共有していないと、効果的にチームを運営できないわけではありません。私たちは、スペース共有型チームも、分散型チームも、新しいビジネスアイデアを実現するために、実験セレモニーを採用しているのを目にしてきました。

スペース共有型チーム

なるべく準個室のような空間があったほうがいいでしょう。実験のたびに会議室を確保するのは難しかったりするし、試作品が物理的なモノであれば、毎回持ち込まなくてはなりません。

　私たちがコーチを務めたチームの多くは、間仕切りカーテンやオフィスポッド（カプセル型の部屋）を利用して、共同作業と個人作業を切り替えていました。

分散型チーム

チームの連帯感を高めることが課題になります。そこで、可能な限りビデオ会議を導入して、メンバーの身振りや表情がわかるようにしましょう。幸い、多くのビデオチャットソフトが提供されています。

　試作品のレビューや演習を行う場合、作業状況をリアルタイムで確認できるソフトを利用しましょう。それにより、参加者の混乱や二度手間を防ぐことができます。

拘束時間
週40時間労働とすると、セレモニーにかける時間が多すぎるように思うかもしれません。でも、1カ月の労働時間に占めるセレモニーの割合はわずかであり、その大半はコアチームだけで行われます。

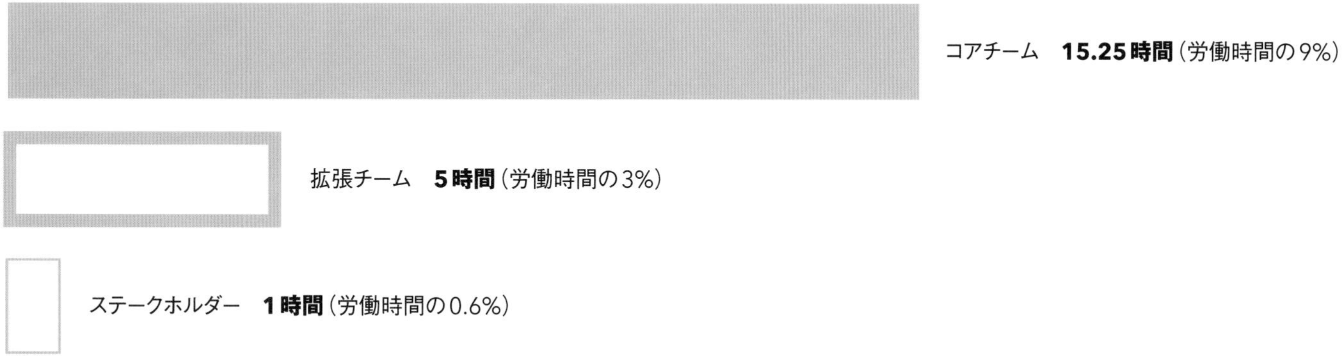

コアチーム　**15.25時間**（労働時間の9%）

拡張チーム　**5時間**（労働時間の3%）

ステークホルダー　**1時間**（労働時間の0.6%）

時間
30〜60分
週1回
ウィークリー・ラーニングのあと

参加者
コアチーム

ウィークリー・プランニング（立案）
今後1週間の実験を計画してタスクを割り振ります。計画は変更になる場合があるけれど、プランニングという作業そのものにも価値があります。

アジェンダ

1. 検証が必要な仮説
検証する仮説の決定と見直しを行います。今後1週間で検証する重要な仮説を1つ以上選びます。

2. 実験の優先順位
検証する仮説が決まったら、その仮説に対して行う実験の優先順位を決めます。魅力性、実現可能性、存続可能性の検証に最適なものを実験ライブラリーから選びます。

3. タスクの割り当て
実験の優先順位が決まったら、メンバーへのタスク割り当てを行います。複雑な実験は時間がかかるため、タスクを細かく分割する必要があります。

企業内チーム

企業内チームのコアメンバー

拡張チームの参加は任意ですが、彼らの専門知識が必要な場合は、参加を依頼します。

スタートアップチーム

スタートアップチームのコアメンバー

メンバーが2人だけだったとしても、アイデアを言語化する習慣を身につけることは大切です。それによって、仕事の優先順位が決められるようになります。

外部業者の参加は任意ですが、彼らの専門知識が必要な場合は、参加を依頼します。

ソロプレナー

ウィークリー・プランニングには仕事のリズムを維持し、達成感が得られるというメリットがあります。したがって、外部業者の協力を得ていないソロプレナーにもお勧めです。

外部業者を利用していて、彼らの専門知識が必要な場合は、参加を依頼します。

デイリー・スタンドアップ（立ち会議）

メンバーの足並みをそろえ、日々のタスクに集中します。メンバーの負荷を調整して、実験のタスクを完了させるには、スタンドアップが欠かせません。

アジェンダ

1. その日の目標は何か？
実験を完了させることが目標なら、タスクの調整が重要になります。1日の目標は、ビジネス全体の壮大な目標の一部だということを覚えておきましょう。

2. その日の目標を達成するには
必要なタスクを決め、1日の行動計画を立てます。

3. 阻害要因は何か？
目標達成の妨げになりそうな要因を特定します。スタンドアップで解消できる問題もあれば、別途話し合いが必要な問題もあります。

企業内チーム

企業内チームのコアメンバー

部外者の目に入る場所でミーティングを行います。
組織の他の人たちに実験プロセスをオープンにする
よい方法です。

スタートアップチーム

スタートアップチームのコアメンバー

スタートアップチームは素早く行動できる反面、メン
バーの調子がすぐに合わなくなる恐れがあります。
毎日スタンドアップを行うことでメンバーの足並みをそ
ろえ、チームの目標にフォーカスできます。

ソロプレナー

もちろんソロプレナーも1日の計画が必要です。外
部業者の協力を得ていないとしても、スタンドアップ
の時間を設けることで考えをまとめ、より大きな目標
にフォーカスできます。

時間
30〜60分
週1回
ウィークリー・プランニングの
まえ

参加者
拡張チーム
コアチーム

ウィークリー・ラーニング（学習）
エビデンスをチームで議論し、行動に移します。実験で得られた知識は、全般的な戦略に活かされなければなりません。

アジェンダ
1. エビデンスを集める
実験で得られた定性的および定量的なエビデンスを集めます。

2. インサイトを生み出す
エビデンスのパターンを探し、インサイトを得ます。定性的エビデンスもアフィニティソート（112ページ参照）などの手法を用いれば、テーマごとに素早く分類できます。エビデンスの確認は、先入観を排して行いましょう。そうすれば、収益化につながるインサイトが得られるかもしれません。

3. 戦略を再検討する
新たに得られたインサイトをもとにビジネスモデル・キャンバス、バリュー・プロポジション・キャンバス、アサンプションマップを再検討し、必要に応じて更新します。これは、学習内容を戦略に反映するための非常に重要なステップです。戦略の練り直しは、起業家が普段から行っている作業なので、積極的に行いましょう。

検証

企業内チーム

企業内チームのコアメンバー

拡張チームの参加は任意ですが、エビデンスの統合に彼らの専門知識が必要な場合は、参加を依頼します。

スタートアップチーム

スタートアップチームのコアメンバー

外部業者の参加は任意ですが、エビデンスの統合に彼らの専門知識が必要な場合は、参加を依頼します。

ソロプレナー

外部業者の協力を得ていて、エビデンスの統合に彼らの専門知識が必要な場合は、参加を依頼します。

時間
30〜60分
隔週
ウィークリー・ラーニングのあと
／ウィークリー・プランニング
のまえ

参加者
コアチーム

バイウィークリー・レトロスペクティブ（振り返り）

一歩引いて、深呼吸し、よりよい実験方法について話し合います。振り返りをしなければ、学習も改善も期待できません。したがって、レトロスペクティブは最も重要なセレモニーだと言えます。

アジェンダ

1. 順調に進んでいること
順調に進んでいることを5分で書き出します。メンバーやチームの協力体制について評価できる点を挙げることで振り返りが円滑に進みます。

2. 改善が必要なこと
順調に進んでいないことや現在のやり方を見直す必要があることを5分で書き出します。個人攻撃をするのではなく、改善するためのチャンスとしてとらえます。

3. 次に何をすべきか
次にしたいことを3つ考えます。以前議論したことでも、まったく新しいことでもかまいません。これにより、業務改善とは直接関係ない新しい作業方法に挑戦できます。

ヒント
レトロスペクティブには、スピードボート、SSK（Start、Stop、Keep）、KDA（Keep、Drop、Add）など多くのバリエーションがあります。さまざまな方法を試してみて、自分のチームに最適なものを選びましょう。

企業内チーム

チーム内で解決できる問題か自分たちにはどうすることもできない外部の問題かを明確にすることが大切です。

　レトロスペクティブ後に、上層部に外部の問題を報告して、支援を求めます。

　それらの問題が解決できなければ、チームへの影響を軽くする方法を検討します。

スタートアップチーム

やり方を改善していくことで、理想の企業文化を作り出すことができます。

　共同創業者がやり方を改善したいという意欲を示せば、同じように考えている従業員の賛同を得られるでしょう。

ソロプレナー

ソロプレナーの場合、レトロスペクティブは孤独を感じる時間かもしれません。ただ、たとえそうであったとしても、自分のやり方をしっかり見直しましょう。

　目標としている結果が得られない場合、新しいやり方を試してみるのもいいでしょう。

　外部業者の協力を得ていて、関係を見直したい場合は、参加を依頼します。

時間
60〜90分
月1回

参加者
ステークホルダー
拡張チーム
コアチーム

マンスリー・レビュー（戦略会議）

ステークホルダーをミーティングに招き、アイデアのピボット、維持、断念を決定します。

アジェンダ

1. 学習内容の報告
1カ月間の学習内容をまとめ、ステークホルダーに報告します。報告書には、毎週の学習目標と実験で得られたインサイトを含めます。実験内容について詳しく説明しなくていいですが、必要なら付属資料という形で提供します。

2. 阻害要因は何か?
ステークホルダーの支援が必要な阻害要因を再検討します。レトロスペクティブで確認した外部の問題も含まれます。支援要請のために、これらの問題を明確に説明しなければなりません。

3. ピボット・維持・断念の決定
ステークホルダーに、新事業案のピボット・維持・断念を提言します。実験で学習したことだけでなく、今後の事業の進め方を考慮に入れて決定されなければなりません。

ヒント
ピボットには、顧客、課題、ソリューションという3つの要素があります。顧客を変えずに、課題をピボットすることもできます。課題を変えずに、顧客をピボットすることもできます。顧客と課題を変えずに、ソリューションをピボットすることもできます。

企業内チーム

企業内チームのコアメンバーとステークホルダー

プロジェクトの進捗状況の他に、チームの新しい取り組みについても報告します。

　ステークホルダーが投資委員会の形を取っているのであれば、プロジェクトへの追加投資の決定は、このマンスリー・レビューで行われます。

スタートアップチーム

スタートアップチームのコアメンバーと
ステークホルダー

進捗状況の報告だけでなく、ステークホルダーと一緒にプロジェクトの問題点を話し合います。優れた投資家は成功への道が一直線でないことをわかっているので、臆する必要はありません。エンジェル投資家のバラジ・スリニバサンは、このことを「アイデアの迷路」と表現しています。

　ステークホルダーが遠く離れた場所にいる場合は、メールや動画による報告でも問題ありません。

ソロプレナー

ソロプレナーとアドバイザー

ビデオチャットか対面で学習内容や提案内容をアドバイザーに伝えます。アドバイザーが投資家でない場合でも、外部の人間に自分の戦略についての意見を聞くことは有益です。

「アイデアの迷路」についての詳細は下記の文書を参照のこと。
spark-public.s3.amazonaws.com/startup/lecture_slides/
lecture5-market-wireframing-design.pdf

実験フローの 原則

1つの実験を行うことはすばらしいですが、目標 はあくまでも新事業における不確実性の軽減で す。つまり、一定の時間をかけてさまざまな実験 を行うということです。投資判断に必要なエビデ ンスを生み出すには、実験プロセスが流れるよう に進むようにしなければなりません。

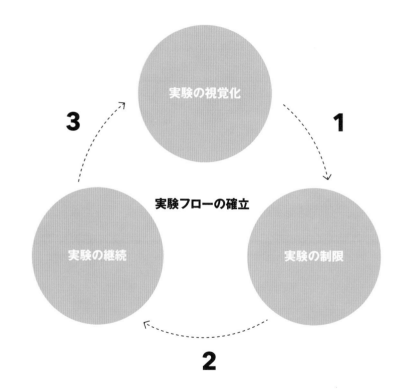

実験の視覚化

3

1

実験フローの確立

実験の継続

実験の制限

2

実験の視覚化

作業を自分や周囲に明らかに。

この原則は、リーン方式やカンバン方式から着想を
得ています。実験フローを確立するには、作業の
可視化が不可欠です。それにより、初めて全体の
進捗状況が把握できます。

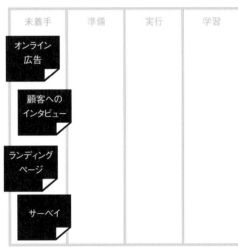

1. **実験を書き出す**

   整理しやすくするために、1枚の付箋につき1
   つの実験を書きましょう。

   いくつもの実験を書く必要はありません。今後
   数週間で必要だと思う実験を書きます。

2. **簡単な「実験用掲示板」を作る**

   ここでは、最も単純なフォーマットを示します。
   このフォーマットについてはずっと微調整を続け
   てきたのですが、以前は一番右の列を「実証」
   と名づけていました（エリック・リースのアイデア
   を取り入れて）。ですが、チームが実験の合格
   基準を甘く設定して、仮説が実証できたと自己
   満足してしまわないように、「実証」ではなく「学
   習」としました。

3. **付箋を「未着手」の列に貼る**

   実験の順位を決めます。優先度が最も高い付
   箋を1番上に貼ります。「準備」、「実行」、「学
   習」と付箋を動かしていきます。

実験の制限

多くの実験を同時に進めることはトラブルのもと
に。

チームは実験に必要な作業量を過小評価しがちです。一度も実験を行ったことがない場合は特にそうです。その結果、すべての実験を同時並行で進めようとして、プロセス全体が滞ってしまう。そうすると、先に行った実験からインサイトを得て、次の実験に活かすことができなくなってしまいます。

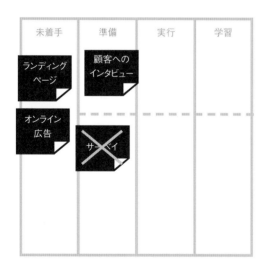

実験に制限を設ける
たとえば、「準備」、「実行」、「学習」の列に貼る付箋を1つだけにする。これにより、最初の実験が次の列に移るか完了するまで、次の実験を進めることができなくなります。
　図の例で言えば、チームはサーベイを行うまえに顧客へのインタビューを行います。同時に実験を始めて、全体の進捗を遅らせることはしません。この実験フローによって、先に行った実験でわかったことを、次の実験に活かせるようになります。

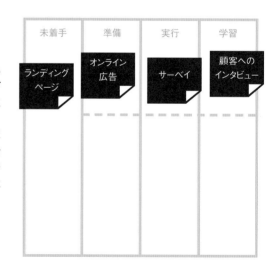

原則3

実験の継続

時間をかけて実験を続行。

3つ目の原則もリーン方式やカンバン方式のアイデアをもとにしています。チームは前ページで紹介した掲示板を使って実験の進捗を管理しますが、いずれこの掲示板では現状を表現しきれなくなります。掲示板がチームの成長を妨げるものであってはなりません。その対策として、セレモニーの箇所で解説した隔週のレトロスペクティブ（78ページ参照）を活用します。レトロスペクティブで実験フローについて振り返れば、改善のヒントが得られるでしょう。

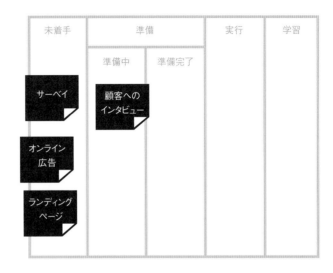

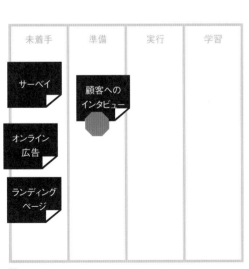

 = ブロック

ブロッカー（阻害要因）

チームが顧客へのインタビューの準備をしているときに、ユーザー調査部が実験に待ったをかけたとします。ユーザー調査部によると、顧客の話を聞くことは会社のポリシーに反する行為だという。これは実験の進捗を妨げる「ブロッカー」です。

　ブロッカーを特定し、可視化することは、ステークホルダーに進捗遅れの理由を説明するときに役立ちます。ブロッカーがあると、フローの達成は難しいです。

列の分割

チームが最初の実験をすべて終わらせたあとに、「準備」の列が実験の進捗状況をはっきり示していないと感じる場合があるかもしれません。

　実験の準備を行っている場合と、チームのキャパシティの問題で実行まで待機が必要な場合があります。準備中の実験と準備完了の実験が一目でわかるように、「準備」の列を分割するといいでしょう。

実験の倫理

顧客とともに実験を行う？　顧客を利用して実験を行う？

本書は、自分のビジネスアイデアの魅力性、実現可能性、存続可能性を見極めるときに役立つ本です。断じて顧客から金をだまし取ることを指南する本ではありません。「ベイパーウェア」という言葉が1980年代後半から1990年代半ばまで流行しました。まだ市場に出ていないが、販売中止にもなっていない商品のことです。ベイパーウェアは誇大広告で消費者をあおり、過度な期待を持たせました。なかには広告に躍らされて、詐欺の被害に遭った人もいました。私たちの目的は、1990年代のベイパーウェアを再現することではありません。フェイクニュースがあふれる現代では、プロパガンダは世界中を混乱させる武器になります。ビジネスのリスクを軽減するために実験を行う際は、文脈を考慮することが大切です。言い換えれば、「邪悪になるな」ということです。

実験の
ガイドライン

コミュニケーション不足は実験のリズムを狂わせます。この問題は、実験内容と目的をはっきり伝えることで解決可能です。とはいえ、実験が多いチームは、何度も説明を繰り返さなければなりません。その負担を軽くするのが実験のガイドラインです。これにより、チーム外の人々とのコミュニケーションが容易になります。法務、安全、コンプライアンス部門と協力する場合は特に効果的です。

実験のガイドラインの例

1. 顧客セグメントは〜である。
2. 実験に関係する顧客の総数は、およそ〜人である。
3. 実験は〜から〜まで実施する。
4. 収集しようとしているデータは〜である。
5. 実験で利用するブランディングは〜である。
6. 実験の資金負担は〜である。
7. 〜を利用することにより、実験を中止できる。

実

Experiments

「最初の音を決めないから問題が起こる。
大事なのは、とにかく始めることだ」
————
ハービー・ハンコック
（ジャズ・ミュージシャン、作曲家、俳優）

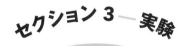

セクション 3 ― 実験

3.1 ― 実験を選択する

実験の選択

以下の3つの質問に答えて適切な実験を選択しましょう。

1. **仮説の種類：どんな仮説を検証するのか?**
   学習目的に基づいて実験を選択します。魅力性のエビデンスが得られる実験もあれば、実現可能性や存続可能性の検証にふさわしい実験もあります。

2. **不確実性の度合い：どの程度のエビデンスをすでに持っているか?**
   すでに持っているエビデンスが少なければ少ないほど、時間やエネルギー、資金などを無駄にする余裕もありません。そのようなときは、正しい方向性を示してくれるエビデンスを集めることに専念します。そのためには、エビデンスとしては弱いかもしれないけれど、低コスト・短時間の実験がふさわしいでしょう。ある程度エビデンスが集まったら、コストと時間がかかる実験を行って、より強いエビデンスを獲得しましょう。

3. **緊急性：次の大きな決定までに、または資金が足りなくなるまでにどのくらい時間があるか?**
   実験の選択は時間と資金に左右されます。意思決定者や投資家との会議を控えていれば、低コスト・短時間の実験を行って、複数の方面からエビデンスを用意しておいたほうがいいでしょう。資金が底を尽きかけている場合は、意思決定者や投資家に追加の資金提供を約束させる適切な実験を選ばなければなりません。

顧客発見または顧客実証／種類

実験名

解説

| ● コスト ●●●●○ | ⚖ エビデンスの強さ ●●○○○ | ⊞ ✉ ◔ 魅力性　実現可能性　存続可能性 長所 短所 |
| 🕐 準備時間 ●●○○○ | ⏱ 実行時間 ●●●○○ | |

スキル　デザイン／プロダクト／テクノロジー／法務／データ／セールス／マーケティング／リサーチ／財務

準備時間／実行時間

🕐 ●○○○○ 1～3時間
🕐 ●●○○○ 1～3日
🕐 ●●●○○ 1～3週間
🕐 ●●●●○ 1～3カ月
🕐 ●●●●● 3カ月超

コスト

● ●○○○○ 500ドル未満
● ●●○○○ 500～1,000ドル
● ●●●○○ 1,000～10,000ドル
● ●●●●○ 10,000～20,000ドル
● ●●●●● 20,000ドル超

アドバイス

1. **低コスト・短時間の実験から始める**
   最初のうちは、わかっていることが少ないので、エビデンスの強さにあまりこだわる必要はありません。まずは低コスト・短時間の実験を行って、ビジネスアイデアの方向性を確認しましょう。

2. **同じ仮説に対して複数の実験を行い、エビデンスを強化する**
   エビデンスの信頼性は、1つの仮説に対して複数の実験を行うことで高まります。1つの仮説についてなるべく早く情報を集め、さらに確証を得るために強いエビデンスを得られる実験を行います。1つの実験、または弱いエビデンスをもとに重要な決定を下さないよう注意します。

3. **制約内で最も強いエビデンスが得られる実験を選択する**
   実験環境に配慮しつつ、常に最も強いエビデンスが得られる実験を選択・デザインします。不確実性が高い場合、低コスト・短時間の実験を行うべきですが、それは必ずしも強いエビデンスを生み出せないという意味ではありません。

4. **アイデアを具体化するまえに、できる限り不確実性を減らしておく**
   アイデア検証を始めるために何かを作らなければならないと考える人は多いですが、実はまったく逆です。制作費が高ければ高いほど、こちらが想定するジョブ、ペイン、ゲインを顧客が実際に抱えていることを証明するために、多くの実験を行う必要があるのです。

本書で紹介する顧客発見および顧客実証のための実験は、スティーブン・ブランクの『アントレプレナーの教科書』（翔泳社）と『スタートアップ・マニュアル』（翔泳社）によるところが大きく、この2冊を読むことを強くお勧めします。

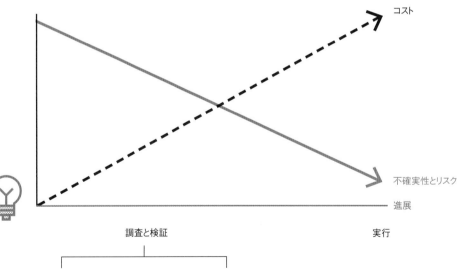

顧客発見
方向性の正しさを見極めるには、弱いエビデンスで十分。顧客発見により、最も重要な仮説に対する最初のインサイトが得られる。

顧客実証
選択した方向性を実証するには、強いエビデンスが必要。顧客実証の目的は、最も重要な仮説に関して得られたインサイトを確認すること。

顧客発見の
実験

以下の３つの質問に答えましょう。
1. どんな仮説を検証するのか？
2. どの程度のエビデンスをすでに持っているか？
3. 次の大きな決定までに、または資金が足りなくなるまでにどのくらいの時間があるか？

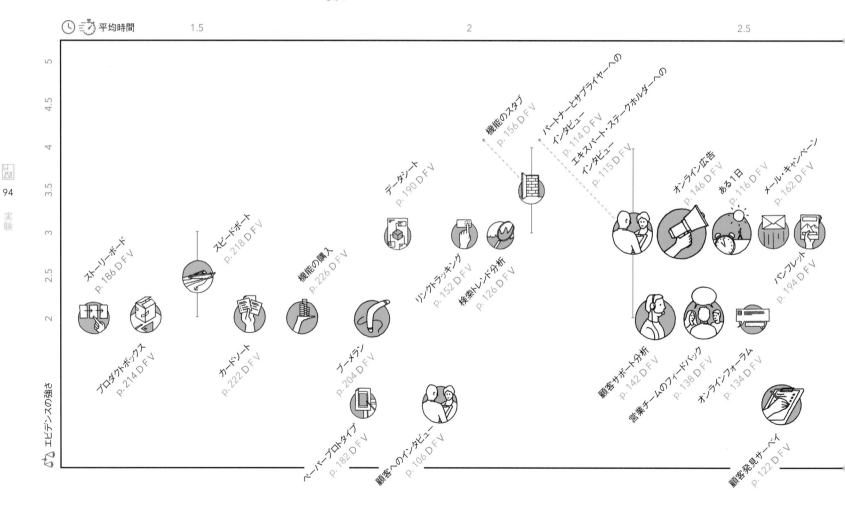

平均時間　　　　　　　　1.5　　　　　　　　　　　　　　　　2　　　　　　　　　　　　　　　2.5

5
4.5
4
3.5
3
2.5
2

エビデンスの強さ

機能のスタブ
P. 156 D F V

パートナーとサプライヤーへの
インタビュー
P. 114 D F V

エキスパート・ステークホルダーへの
インタビュー
P. 115 D F V

データシート
P. 190 D F V

オンライン広告
P. 146 D F V

ある1日
P. 116 D F V

メール・キャンペーン
P. 162 D F V

ストーリーボード
P. 186 D F V

スピードボート
P. 218 D F V

機能の購入
P. 226 D F V

リンクトラッキング
P. 152 D F V

検索トレンド分析
P. 126 D F V

パンフレット
P. 194 D F V

プロダクトボックス
P. 214 D F V

カードソート
P. 222 D F V

ブーメラン
P. 204 D F V

顧客サポート分析
P. 142 D F V

営業チームへのフィードバック
P. 138 D F V

オンラインフォーラム
P. 134 D F V

ペーパープロトタイプ
P. 182 D F V

顧客へのインタビュー
P. 106 D F V

顧客発見サーベイ
P. 122 D F V

アドバイス

1. 低コスト・短時間の実験から始める
2. 同じ仮説に対して複数の実験を行い、エビデンスを強化する
3. 制約内で最も強いエビデンスが得られる実験を選択する
4. アイデアを具体化するまえに、できる限り不確実性を減らしておく

3　　　　　　　　3.5　　　　　　　　4

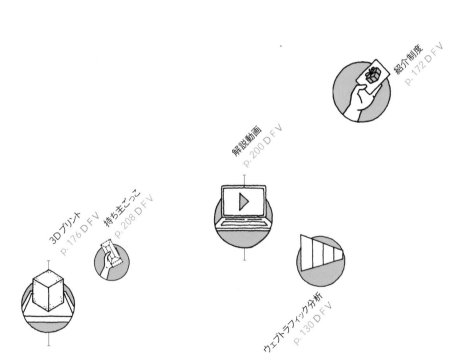

紹介制度
P. 172 D F V

解説動画
P. 200 D F V

ソーシャルメディア・キャンペーン
P. 168 D F V

3Dプリント
P. 176 D F V

持ち主ごっこ
P. 208 D F V

ウェブトラフィック分析
P. 130 D F V

顧客実証の実験

以下の3つの質問に答えよう
1. **どんな仮説を検証するのか？**
2. **どの程度のエビデンスをすでに持っているか？**
3. **次の大きな決定までに、または資金が足りなくなるまでにどのくらいの時間があるか？**

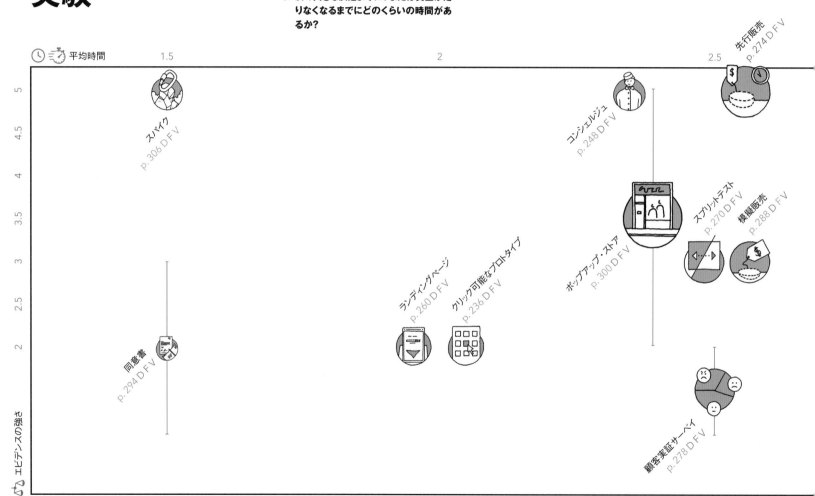

平均時間　　1.5　　　　　　　　　　2　　　　　　　　　2.5

スパイク
P.306 D F V

コンシェルジュ
P.248 D F V

先行販売
P.274 D F V

スプリット・テスト
P.270 D F V

模擬販売
P.288 D F V

ポップアップ・ストア
P.300 D F V

ランディングページ
P.260 D F V

クリック可能なプロトタイプ
P.236 D F V

同意書
P.294 D F V

顧客実証サーベイ
P.278 D F V

エビデンスの強さ

アドバイス

1. **低コスト・短時間の実験から始める**
2. **同じ仮説に対して複数の実験を行い、エビデンスを強化する**

3. **制約内で最も強いエビデンスが得られる実験を選択する**
4. **アイデアを具体化するまえに、できる限り不確実性を減らしておく**

D=Desirability（魅力性）
F=Feasibility（実現可能性）
V=Viability（存続可能性）

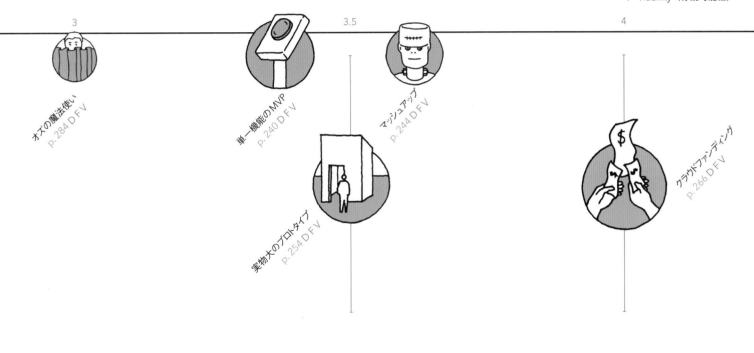

3

オズの魔法使い
P. 284 D F V

3.5

単一機能のMVP
P. 240 D F V

マッシュアップ
P. 244 D F V

実物大のプロトタイプ
P. 254 D F V

4

クラウドファンディング
P. 266 D F V

定義

実験シーケンス

ビジネスのタイプ別にふさわしい実験の順序があります。

インサイトから実際の行動に移すことができたら、実験のことは忘れていいんですよね？　いや、そういうわけではありません。これから各実験を解説していく中で、どの実験と組み合わせるかを示していますが、それが表す通り、実験は前後関係が大切です。さらに、ビジネスごとに有効な実験のシーケンス（順序）も存在します。優れたチームは、一連の実験で弾みをつけ、徐々にエビデンスを強化していきます。

B2Bハードウェア・シーケンス

B2Bハードウェア会社は、すでに独自に問題解決に乗り出している顧客が必要です。そのような顧客の意見をもとに、ソリューションをデザインし、ごく普通の部品でプロトタイプを作成して検証を行います。プロトタイプの有効性が証明されたら、クラウドファンディングで資金を集めます。

○ 顧客への
　インタビュー
　p. 106

○ ペーパープロトタイプ
　p. 182

○ 3D
　プリント
　p. 176

○ データシート
　p. 190

○ マッシュ
　アップ
　p. 244

○ 同意書
　p. 294

○ クラウド
　ファンディング
　p. 266

B2Bソフトウェア・シーケンス

B2Bソフトウェア会社にとって、従業員が既存の低品質のソフトを使わざるを得ない状況はビジネスチャンスです。成功する会社は、既存のソフトの問題点を調査し、最新技術を駆使して顧客のニーズを満たす商品を開発します。

○ 顧客への
　インタビュー
　p. 106

○ オンライン
　フォーラム
　p. 134

○ ブーメラン
　p. 204

○ クリック
　可能な
　プロトタイプ
　p. 236

○ 先行販売
　p. 274

○ 単一機能のMVP
　p. 240

B2Bサービス・シーケンス

B2Bサービス会社は、設計に問題があるプロセスやサービスがもたらす負担を調査するために、ステークホルダーに意見を求めます。さらに、社内の別の部署でそのような問題が現れているのかどうかを調べるために、顧客サポートのデータを分析します。改善したのちに、改善点を伝えるためにパンフレットを作成し、少数の顧客に対して手作業でサービスを提供してからさらに範囲を広げます。

○ エキスパート・
　ステークホルダー
　へのインタビュー
　p. 115

○ 顧客サポート分析
　p. 142

○ パンフレット
　p. 194

○ 先行販売
　p. 274

○ コンシェルジュ
　p. 248

B2C ハードウェア・シーケンス

一般消費者向けのハードウェア会社は、以前よりも多くの選択肢を持っています。新製品が既存の問題をいかに解決するかについての解説動画を作成し、ごく普通のハードウェア部品を使って素早くプロトタイプを開発できます。さらに、クラウドファンディングで製造資金を調達して、商品を小売店または直販で顧客に提供できます。

- **顧客への
  インタビュー**
  p. 106
- **検索トレンド
  分析**
  p. 126
- **ペーパー
  プロトタイプ**
  p. 182
- **3D プリント**
  p. 176
- **解説動画**
  p. 200
- **クラウド
  ファンディング**
  p. 266
- **ポップアップ・
  ストア**
  p. 300

B2C ソフトウェア・シーケンス

インターネットの発展や、オープンソースのソフトとツールの普及によって、新興のソフトウェア会社が短期間でグローバル企業になるケースは珍しくありません。賢い B2C 企業は、顧客が使う言葉をコンテンツに含めてコンバージョン率を上げています。製品を本格的に作るまえに、それを体験できるプロトタイプを素早く作り、手作業で価値を提供します。

- **顧客への
  インタビュー**
  p. 106
- **オンライン
  広告**
  p. 146
- **ランディング
  ページ**
  p. 260
- **メール・
  キャンペーン**
  p. 162
- **クリック
  可能な
  プロトタイプ**
  p. 236
- **模擬販売**
  p. 288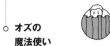
- **オズの
  魔法使い**
  p. 284

B2C サービス・シーケンス

B2C サービス会社は、特定地域で顧客へのインタビューを行い、検索ボリュームの調査で顧客の興味を見極めます。次に、オンライン広告やメール・キャンペーンを利用して、ランディングページへのアクセスを促します。さらに、先行販売とコンシェルジュで顧客の反応を確認し、手作業で価値を提供して磨きをかけてから範囲を広げます。

- **顧客への
  インタビュー**
  p. 106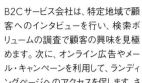
- **検索トレンド
  分析**
  p. 126
- **オンライン
  広告**
  p. 146
- **ランディング
  ページ**
  p. 260
- **メール・
  キャンペーン**
  p. 162
- **先行販売**
  p. 274
- **コン
  シェルジュ**
  p. 248

B2C を応用した B2B2C シーケンス

B2B2C 企業は、サプライチェーンの構築に実験を利用できるという強みがあります。私たちが協力した企業の多くは、顧客に対し直接実験を行ってエビデンスを獲得し、B2B パートナーとの交渉に活かしていました。顧客のエビデンスがあることで、堂々巡りの話し合いに陥ることなく、説得力を持つことができます。

- **顧客へのイン
  タビュー** p. 106
- **オンライン広告**
  p. 146
- **ランディングページ**
  p. 260
- **解説動画**
  p. 200
- **先行販売**
  p. 274
- **コンシェルジュ**
  p. 248
- **機能の購入**
  p. 226
- **データシート**
  p. 190
- **パートナーとサプライ
  ヤーへのインタビュー**
  p. 114
- **同意書**
  p. 294
- **ポップアップ・
  ストア**
  p. 300

規制が厳しい企業のシーケンス

意外かもしれませんが、規制が厳しい企業でも実験活動を行います。ただし、実験は組織の制約内で行われなければなりません。また、すべての検証活動が破壊的なリスクを含んでいるわけではありません。企業は、実験を行うリスクが極めて高い分野を除外し、実験が可能な領域に狙いを定めます。

- **ある1日**
  p. 116
- **顧客実証
  サーベイ** p. 278
- **顧客サポート分析**
  p. 142
- **営業チームの
  フィードバック**
  p. 138
- **ストーリー
  ボード**
  p. 186
- **解説動画**
  p. 200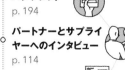
- **パンフレット**
  p. 194
- **パートナーとサプライ
  ヤーへのインタビュー**
  p. 114
- **データシート**
  p. 190
- **先行販売**
  p. 274

「顧客を熟知することは極めて重要だが、
時間がかかる」

————

サリー・クローチェク
（Ellevest創業者）

3.2 — 顧客発見

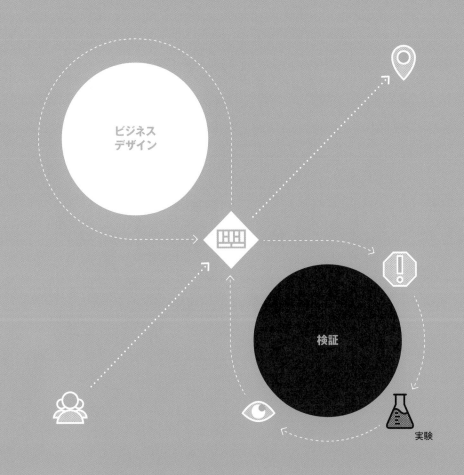

アイデア

ビジネス

調査と検証	実行

顧客発見
全体的な方向性が正しいかどうかを見極める。基本的な前提を検証する。最初のインサイトをすぐに軌道修正する。

顧客実証
選択した方向性を実証する。ビジネスアイデアの有効性を強いエビデンスで裏づける。

本書の「顧客発見」と「顧客実証」という概念は、スティーブン・ブランクの重要な著書である『アントレプレナーの教科書』（翔泳社）に基づいています。スティーブンとボブ・ドーフは『スタートアップ・マニュアル』（翔泳社）でこの概念を詳しく解説しています。この2冊は、現代のアントレプレナーシップを理解するための必読書です。

顧客発見の
実験

○ コスト	⚖ エビデンスの強さ	🕐 準備時間	⏱ 実行時間	テーマ		
●●○○○	●○○○○	●●○○○	●●○○○	魅力性	実現可能性	存続可能性
●●○○○	●●●○○	●●○○○	●●●○○	魅力性	実現可能性	存続可能性
●●○○○	●●○○○	●●○○○	●●●○○	魅力性	実現可能性	存続可能性
●●○○○	●●●○○	●●○○○	●●●○○	魅力性	実現可能性	存続可能性
●●○○○	●○○○○	●●○○○	●●●○○	魅力性	実現可能性	存続可能性
●○○○○	●●●○○	●●○○○	●●○○○	魅力性	実現可能性	存続可能性
●●○○○	●●●●○	●●○○○	●●●○○	魅力性	実現可能性	存続可能性
●○○○○	●●●○○	●●○○○	●●●○○	魅力性	実現可能性	存続可能性
●●○○○	●●●○○	●●○○○	●●●○○	魅力性	実現可能性	存続可能性
●●○○○	●●○○○	●●○○○	●●●○○	魅力性	実現可能性	存続可能性
●●●○○	●●●○○	●●○○○	●●●○○	魅力性	実現可能性	存続可能性
●○○○○	●●●○○	●○○○○	●●●○○	魅力性	実現可能性	存続可能性
●○○○○	●●●●○	●●○○○	●●○○○	魅力性	実現可能性	存続可能性
●●○○○	●●●○○	●○○○○	●○○○○	魅力性	実現可能性	存続可能性
●○○○○	●●●○○	●●○○○	●●●○○	魅力性	実現可能性	存続可能性
●●○○○	●●●○○	●●●○○	●●●○○	魅力性	実現可能性	存続可能性
●●●○○	●●●●○	●●○○○	●●●●●	魅力性	実現可能性	存続可能性
●●●○○	●○○○○	●●●○○	●●●○○	魅力性	実現可能性	存続可能性
●○○○○	●○○○○	●●○○○	●●○○○	魅力性	実現可能性	存続可能性
●●○○○	●●○○○	●●○○○	●○○○○	魅力性	実現可能性	存続可能性
●○○○○	●●●○○	●○○○○	●○○○○	魅力性	実現可能性	存続可能性
●●○○○	●●●○○	●●●○○	●●○○○	魅力性	実現可能性	存続可能性
●●●○○	●●●○○	●●●○○	●●●●●	魅力性	実現可能性	存続可能性
●●○○○	●●○○○	●●○○○	●●○○○	魅力性	実現可能性	存続可能性
●○○○○	●●○○○	●●○○○	●●●●○	魅力性	実現可能性	存続可能性
●●○○○	●●○○○	●●○○○	●○○○○	魅力性	実現可能性	存続可能性
●●○○○	●●●○○	●●○○○	●○○○○	魅力性	実現可能性	存続可能性
●●○○○	●●○○○	●●○○○	●○○○○	魅力性	実現可能性	存続可能性
●●○○○	●●○○○	●●○○○	●○○○○	魅力性	実現可能性	存続可能性

注：例えば、●●○○○とあるときは、求めるエビデンスによって●1つの場合と●2つの場合があることを指す。

顧客発見／調査

顧客へのインタビュー

顧客のジョブ、ペイン、ゲイン、購買意欲の調査にフォーカスした
インタビュー。

コスト	エビデンスの強さ
🥮 ●●○○○	⚖ ●○○○○

準備時間	実行時間
🕐 ●●○○○	⏱ ●●○○○

スキル　リサーチ

魅力性　実現可能性　存続可能性

長所：価値提案と顧客セグメントのフィットに関する定性的インサイトを獲得
する場合に理想的な方法であり、価格検証の有効な出発点でもある。

短所：顧客の発言と行動が一致するわけではない。

準備

☐ 以下についての台本を作成する。

・顧客のジョブ、ペイン、ゲイン

・顧客の購買意欲

・製品とソリューションのあいだの満たされていないニーズ

☐ インタビューに応じてくれる人を探す。

☐ 分析にかける時間を決める。

実行

☐ インタビュアーが台本をもとに質問する（必要に応じて、より踏み込んだ質問をする）。

☐ 筆記係が相手の発言と身振りをメモする。

☐ 15〜20分のインタビューを繰り返す。

分析

☐ 記憶が鮮明なうちに15分でインタビューを振り返る。

☐ メモをアフィニティソートで分類する。

☐ 顧客のジョブ、ペイン、ゲインの順位付けを分析する。

☐ バリュー・プロポジション・キャンバスを更新する。

コスト

インタビューの費用は、たとえ謝礼が発生したとしても低いです。一般的に、ビデオチャットによるリモートインタビューは、日時指定の対面インタビューよりも謝礼が安くなります。また通常B2Bのインタビューは、B2Cのインタビューに比べてサンプルのサイズが小さく、時間も限られているので、謝礼が高くなります。

準備時間

場所とアクセス手段によって、非常に短い場合も数週間かかる場合もあります。台本作り、対象者の選定、スケジュール予約を行います。

実行時間

1回につき15〜30分で、比較的短いです。次のインタビューまでに15分程度のバッファを設け、インタビュー内容を要約したり、必要に応じて台本の修正を行ったりします。

エビデンスの強さ

顧客のジョブ
顧客のペイン
顧客のゲイン

こちらであらかじめ顧客プロフィールに挙げていた顧客のジョブ、ペイン、ゲインの上位3件と、インタビューで判明した上位3件の一致度が80%程度であることが望ましいです。顧客セグメントを深く理解するため、基準を高く設定します。

顧客のフィードバック

顧客プロフィールに挙げていた顧客のジョブ、ペイン、ゲインではなく、インタビューで判明したものです。

インタビューの紹介

インタビューの協力者が友人を紹介してくれれば、募集にかかる費用が節約できます。しかし、これはおまけのようなものであり、期待しないこと。

顧客の発言と行動は異なる可能性があるので、インタビューは比較的弱いエビデンスです。しかし、価値提案、顧客のジョブ、ペイン、ゲインの見直しについて定性的なインサイトが得られるので、将来の実験に役立てることができます。

スキル

リサーチ

リサーチのバックグラウンドがあれば役立つものの、必須のスキルでありません。インタビューは意外と難しいものですが、練習すれば誰でもできるようになります。台本作り、回答者の募集、インタビューの実施、発言の要約などさまざまな作業が必要です。負担を減らすため、チームメンバーと協力して、インタビューの進行と記録を分担したほうがいいでしょう。

要件

ターゲット顧客

対象者を絞れば、それだけインタビューの効果は増します。ターゲット顧客を考えていないと、得られるフィードバックは矛盾したものになるでしょう。時間の無駄を防ぐため、インタビューを行うまえに限られた顧客セグメントにフォーカスしておきましょう。

オンラインフォーラム
p. 134
顧客が問題の解決策を探していると
いうエビデンスをオンラインフォーラム
で探す。

営業チームのフィードバック
p. 138
営業チームのフィードバックを参考に
顧客の行動パターンを見つける。

ある1日
p. 116
インタビュー内容をもとに顧客の発言
と行動が一致するかどうかを確認す
る。

顧客へのインタビュー

顧客発見サーベイ
p. 122
インタビューで学習したことをもとに
サーベイを実施する。

ペーパープロトタイプ
p. 182
ジョブ、ペイン、ゲインの解決策になり
そうなものを紙にスケッチする。

検索トレンド分析
p. 126
特定のジョブ、ペイン、ゲインに関す
る検索ボリュームを調査する。

台本を書く

台本は効果的なインタビューを行うための必需品です。台本がないと、話が横道にそれてしまい、有効な知識が得られません。自分のビジネスアイデアのリスクを軽減しなければならないので、バリュー・プロポジション・キャンバスを作成し、顧客のジョブ、ペイン、ゲインの順位付けが終わったあとにインタビューの台本作りを行いましょう。

台本の例

1. **インタビューの導入と背景**
   「[アイデア]の調査を行っております[名前]です。本日はよろしくお願いいたします」
   「購入を強制いたしません」
   「商品を売りつけることはいたしません」

2. **話を促す**
   「最近、[ペインまたはゲイン]を経験したのはいつですか?」
   「どうして[行動]を行ったのですか?」
   「その結果、問題は解決しましたか?」
   「解決しなかったのであれば、それはなぜですか?」

3. **顧客のジョブ、ペイン、ゲインの順位付け**
   顧客のジョブ、ペイン、ゲインのトップ3をリストアップする。
   インタビューを受ける人が、個人的な体験をもとに順位付けする。
   「リストに載っていないものがありますか?」

4. **お礼とインタビューの終了**
   「他に何か聞いてほしいことがありますか?」
   「ご家族やご友人を紹介していただけますか?」
   「日を改めてご連絡を差し上げてもよろしいでしょうか?」
   「ありがとうございました」

インタビューの回答者を探す

B2C セグメント

B2C セグメント用のバリュー・プロポジション・キャンバスを作成し、オンラインとオフラインで回答者を探す場所についてアイデア出しを行います。最終的に探す場所は、チームの多数決で決めます。

B2B セグメント

B2B でも同じ方法が通用しますが、探す場所のアイデア出しは難しいかもしれません。幸い、オンラインでもオフラインでも、B2B のインタビュー回答者を効率良く探せる場所が存在します。

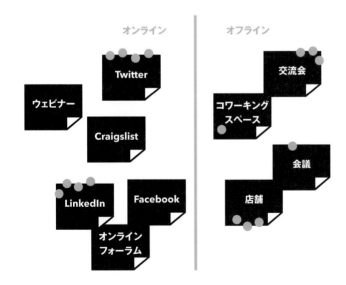

オンライン　　　　オフライン

Twitter　　　交流会

ウェビナー　　　コワーキングスペース

Craigslist

会議

LinkedIn　　Facebook　　店舗

オンラインフォーラム

候補者を吟味する

インタビューの候補者を選定する確実な方法はない
ものの、基準を満たさない人をふるいにかけることで
時間の節約になります。1人か2人の理想的とは言
えない候補者が混じるのは仕方ないことですが、全
員が不適格であるよりましです。予定を組み始める
まえに、簡単な選抜を行うといいでしょう。

Craigslist（クレイグスリスト）を使った選抜

Craigslistは、個人売買のための大手コミュニティ
サイトですが、インタビューの回答者を探す場所とし
ても利用できます。やり方は簡単で、「コミュニティ」
カテゴリーの「ボランティア」セクションを選択し、イ
ンタビュー依頼を投稿します。投稿には事前アンケー
トのリンクを貼ります。事前アンケートでは、回答者
の適性を調べるいくつかの質問を行います。

　たとえば、自転車の所有者を探している場合、「何
台の自転車を所有していますか？　0、1、2、3台
以上」のような質問をします。

　0と回答した人がいたら、自転車の所有者でない
人をインタビューに招いてしまうというミスを防げます。
一方、3台以上と回答した人も、所有台数が多い
ため候補者としては不適格かもしれません。このよう
な事前アンケートは、自分（インタビュアー）と相手（回
答者）の両方の時間を節約できるメリットがあります。

オフライン（対面）での選抜

オフラインの場合も基本的に同じです。事前に簡単
な質問を行い、適性かどうかを判断します。基準を
満たしていれば、本格的なインタビューを行います。
不適格なら、礼を言って、次の候補者を探します。

役割と責任

オンラインであれ、オフラインであれ、インタビューを
1人で行うことはやめたほうがいいでしょう。質問、
聞き取り、発言のメモ、さらには身振りにまで注意
を払うのを全部1人で行うことは負担が多いし、時
間がかかります。許可をもらってインタビューを録音
する場合は、あとで内容を確認しなければならないの
で、2倍の時間がかかります。そのため、他のメンバー
とペアを組んでインタビューを行うことをお勧めしま
す。

筆記係
・発言のメモを取る
・要約ではなく、正確な発言を書く
・身振りをチェックする

インタビュアー
・台本にしたがって質問する
・必要があれば、質問を掘り下げる
・礼を言って、インタビューを終わりに
　する

回答者
・質問に答える

インタビューの振り返り（15分）

インタビューが終わるごとに、パートナーと15分振り返りを行い、要約と改善点の確認を行います。

確認事項

・インタビューのどういった点が成功したか？
・回答者の身振りから何がわかったか？
・回答者に何らかのバイアスをかけてしまったか？
・台本で修正が必要な箇所はあるか？

フィードバックの統合

15分の振り返りの他に、チームがすべてのインタビューメモを再検討し、バリュー・プロポジション・キャンバスを更新して、戦略に取り入れます。多くの定性的フィードバックを分類するには、「アフィニティソート」と呼ばれる方法が有効です。

アフィニティソート

チームがインタビューメモを持ち寄って、以下の手順で分類します（30〜60分）。

・対面によるミーティングの場合は、部屋の壁に十分なスペースがあることを確認する。
・1枚の付箋に1つの発言を書く。
・1枚の付箋に1つのインサイトを書く。
・付箋の下に回答者の名前（イニシャルでも可）を書く。
・すべての付箋を壁に貼る。
・同じテーマごとに付箋を並び替える。

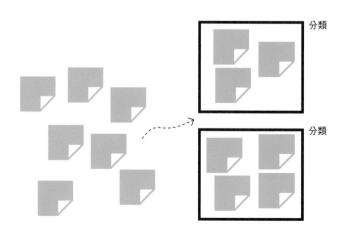

分類

分類

順位付け分析

順位付けは完璧な方法ではないものの、顧客プロフィールにあらかじめ挙げていた内容がどれだけ顧客の回答と近いかがわかります。回答者に順位付けしてもらうことの問題は、彼らがどの程度自分のジョブ、ペイン、ゲインを他人と比べて考えているのかがわからないということです。だからこそ、補足質問や身振りに注目することが重要になります。

　顧客プロフィールにマッチする10人の顧客にインタビューをしたら、顧客プロフィールのジョブ、ペイン、ゲインの内容と顧客の回答が8割以上一致していることが望ましいです。これはたとえば、10人中8人の上位3件のジョブと顧客プロフィールの上位3件のジョブが一致しているということです。

キャンバスを更新する

定性的フィードバックを統合し、顧客インタビューで得られたジョブ、ペイン、ゲインの順位付け分析が終わったら、バリュー・プロポジション・キャンバスに戻って、変更を加えます。検証内容を戦略に取り入れることが大切です。

○

☐ 録音の許可を得る。
☐ 候補者の適性をチェックし、時間の無駄を防ぐ。
☐ 初心者の気持ちでインタビューに臨む。
☐ 話を聞くことに時間を割く。
☐ 意見ではなくファクトを得る。
☐ 直接の動機を知るために「なぜ?」と聞く。
☐ 追跡調査のための許可を得る。
☐ 友人・知人の紹介を依頼する。
☐ 他に聞いてもらいたいことを確認する。

✕

— インタビュアーが話しすぎる。
— ソリューションを売り込む。
— 回答に耳を傾けるのではなく、次の質問について考えてしまう。
— 回答者が話している最中に意見に同意できること、あるいは同意できないことを態度で表してしまう。
— クローズドエンド型(選択回答形式)の質問しかしない。
— 連続でインタビューを行い、振り返りをしない。
— バリュー・プロポジション・キャンバスの更新を忘れる。

113

顧客へのインタビュー

調査

顧客発見／調査

パートナーとサプライヤーへの
インタビュー

パートナーとサプライヤーへのインタビューは顧客へのインタビューと似ていますが、ビジネスの実現可能性にフォーカスしています。自分のチームができない、あるいはインハウスで行いたくない主な活動や主なリソースを補完するパートナーを探してインタビューします。

魅力性　実現可能性　存続可能性

⬭ ●●○○○
コスト

🕐 ●●○○○
準備時間

⏱ ●●●○○
実行時間

⚖ ●●●○○
エビデンスの強さ

●●●●○
キーパートナーの候補数
レスポンス率は、「得られたパートナーの候補数÷パートナーのインタビュー数」で求められます。
　キーパートナーの候補数は、キーパートナーの関心の高さを示す強いエビデンスです。実際に契約を締結する場合は、あらかじめ詳細の合意が必要になります。

●●○○○
キーパートナーのフィードバック
インタビューで得られたキーパートナーの発言。
　キーパートナーが提供できるサービスを提示してくれて、その裏づけとなるものがあれば、比較的強いエビデンスです。

顧客発見

実験

エキスパート・ステークホルダーへのインタビュー

エキスパート・ステークホルダーへのインタビューは顧客へのインタビューと似ていますが、組織内のキープレーヤーから同意を得ることにフォーカスしています。

△△ ●●○○○
エビデンスの強さ
エキスパート・ステークホルダーのフィードバック
インタビューで得られたエキスパート・ステークホルダーの発言。

　ステークホルダーがその取り組みについて、戦略的にどう展開することを望んでいるか述べている場合、それは中程度のエビデンスになります。ステークホルダーの発言に行動が伴えば、より強いエビデンスになります。

魅力性　実現可能性　存続可能性

● ●●○○○　　🕐 ●●●○○○　　⏱ ●●●●○○
コスト　　　　　　　　準備時間　　　　　　　　実行時間

顧客発見／調査

ある1日

顧客のジョブ、ペイン、ゲインを理解するための定性的なエスノグラフィー調査です。

コスト ⊜ ●●○○○	エビデンスの強さ ⚖ ●●●○○
準備時間 🕐 ●●○○○	実行時間 ⏱ ●●●○○

スキル　リサーチ

魅力性　実現可能性　存続可能性

長所：比較的安価に実施できる。ターゲットを丸1日観察したり、
一緒に仕事をしたりする場合は、謝礼を払う必要があるかもしれない。

1. 準備

☐ 観察場所や観察方法を2〜3人のチームで検討する。数時間費やせるように予定を空けておく。メモの取り方や、調査対象者の偏りを防ぐ基本ルールを決める。

2. 依頼

☐ 対象者の許可を得る。その際、実験の目的をしっかり説明する。

3. 観察

☐ ワークシートに顧客の時間、行動、ジョブ、ペイン、ゲイン、観察していて思ったことを書き込む。対象者にインタビューしたり、交流したりしない。

4. 分析

☐ 観察が終わったあと、チームで集まってメモをまとめる。発見した内容をもとにバリュー・プロポジション・キャンバスを更新して、次の実験の参考にする。

コスト

費用はあまりかかりません。相手を丸1日観察したり、一緒に仕事をしたりする場合は、謝礼を払う必要があるかもしれません。

準備時間

比較的短いです。調査内容を決め、協力者の同意を得ます。

実行時間

行動観察に1日数時間必要なので、他の実験よりも少し長いです。協力者の数によっては、実験完了までに数日から数週間かかります。

エビデンスの強さ

●●●○○

顧客のジョブ
顧客のペイン
顧客のゲイン

顧客の行動を観察し、彼らのジョブ、ペイン、ゲインをメモします。

メモ自体は弱いエビデンスですが、実生活における顧客行動に基づくため、実験室に顧客を招いて行動を観察するよりも価値があります。

●●●○○

顧客の発言

ジョブ、ペイン、ゲインに限らず、顧客のさまざまな発言をメモします。

顧客の発言自体は比較的弱いエビデンスですが、次に行う実験に活かせる背景情報や定性的インサイトを得るのに役立ちます。

スキル

リサーチ

実験自体は誰でも行えますが、データを適切に収集し記録する能力があったほうがいいです。また、実験パートナーがいれば、メモを比較する際の負担が減ります。

要件

同意

この実験には、協力者の同意はもちろんのこと、観察場所の関係者（経営者や警備員など）との調整も必要になります。たとえば、買い物するところを観察する場合に店長の許可を得ていないと、万引き犯と間違えられてしまうでしょう。

顧客サポート分析

p. 142

顧客サポートのデータから実生活で
見つけるべきことを決める。

ウェブトラフィック分析

p. 130

観察から得られた分析結果と、自社
のウェブサイトにおける顧客行動が
一致するか調べる。

オンラインフォーラム

p. 134

オンラインフォーラムを検索して満たさ
れていない顧客のニーズを探し、実
生活でそのニーズが発生するかどうか
を観察する。

ある1日

ソーシャルメディア・キャンペーン

p. 168

ソーシャルメディアを利用し、より多く
の人が似たような行動パターンを取る
かどうかを調査する。

ストーリーボード

p. 186

観察したことをもとに、イラストを使用
したソリューションのシーケンスを検証
する。

検索トレンド分析

p. 126

オンラインで発見した検索数の多い
キーワードを参考に、その検索ワード
が日々の生活で使用されるかどうかを
観察する。

発言と行動のギャップを埋める
Intuitのフォロー・ミー・ホーム・プログラム

Intuit（イントゥイット）は、TurboTax、QuickBooks、Mint.comなどの中小企業、会計士、個人企業家を対象にした財務会計ソフトを開発しています。シリコンバレーに拠点を置くIntuitは、顧客中心主義に基づくサービス提供で高い評価を得ています。

フォロー・ミー・ホームについて教えてもらえますか？
フォロー・ミー・ホームは、Intuitの従業員の教育プログラムである「デザイン・フォー・ディライト」の手法の1つです。デザイン・フォー・ディライトの目的は、顧客に驚きを与える製品を生み出すために必要なスキルを教育することで、3つの中心的な原則——顧客への深い共感、拡大から集中へ、素早い顧客検証——からなります。フォロー・ミー・ホームは、この3原則の中の「顧客への深い共感」に基づいています。顧客がいつ、どこで私たちが解決しようとしているペインや問題を体験しているのかを知りたければ、彼らの行動を観察するのが最もよい方法です。

従業員は1人残らず、研修プログラムの一貫としてフォロー・ミー・ホームを学びます。Intuitに入社した社員は、最初の数週間で少なくとも2回はフォロー・ミー・ホームを体験します。社員の部署やランクは関係ありません。エンジニア、ベテランの人事部職員、プロダクトマネージャー、シニアリーダーなど全社員が学習を義務づけられているのです。

どのようにスタートしましたか？
フォロー・ミー・ホームは、トヨタが採用している同様の手法を参考にしています。創業者のスコット・クックは、トヨタの手法をIntuitの製品改善に利用できないかと考えて、QuickenやQuickBooksなどの初期の製品を開発する際に、フォロー・ミー・ホームで顧客検証を行いました。当時のソフトは、信じられないでしょうが、フロッピーディスクに収められており、ユーザーが自分でパソコンにインストールしていました。スコットと製品チームは顧客に依頼し、ソフト購入後のインストールの様子を見学させてもらったのです。

そのような観察を通して、製品チームは、顧客が現実世界でどのようにソフトを利用しているかについての驚くべきインサイトを得ることができました。そのインサイトは、製品向上の役に立ち、フォロー・ミー・ホームは体系化され、全従業員に共有されるようになりました。フォロー・ミー・ホームは改良が加えられ続けていますが、その精神は今でも残っています。つまり、顧客のもとへ行き、彼らが経験しているペインや問題を自分の目で確かめろ、ということです。

フォロー・ミー・ホームにおけるあなたの役割を教えてください。
直属の上司は、製品・デザイン部門のチーフオフィサーであるディエゴ・ロドリゲスです。チームのミッションは、デザイン・フォー・ディライト、イノベーション・カタリスト・コーチのネットワーク、効果的な研修などを通して、Intuitのイノベーション文化を育むことです。そして、チームの業務は、全従業員が日々の仕事で最も効果的なイノベーションスキルを使えるようにすることであり、世界の変化に対応できるようにスキルを改善し続けることです。

この目的を達成するために、人事、人材開発、機能別のコミュニティなどの他の組織と連携しています。ただ、チームの専門は、あくまでIntuitのイノベーションの炎を明るく燃やし続けることです。私はこの目標に専念するすばらしいチームと仕事をしており、絶えず学習と向上に努めています。改善すべき点はいくらでも見つかりますから。

フォロー・ミー・ホームの教育で最も難しいテーマは何ですか？

フォロー・ミー・ホームのような手法は誰でも習得できます。ただ、どんなスキルにも言えることですが、マスターするには継続的な練習が必要です。初心者はフォロー・ミー・ホームのやり方を誤解することが多く、自然にできるようになるまで時間がかかるのです。

フォロー・ミー・ホームは、インタビューなどの他の顧客発見の方法と違い、観察に重点を置いています。社員はまず、顧客が実際の状況で、実際のツールを使って何をするのかを観察します。観察が終わって初めて、インタビュー的な質問をします。その際、憶測や意見ではなく、観察された行動の「理由」を尋ねます。初めてフォロー・ミー・ホームを行った社員は、やたらと質問ばかりして、ただ行動を観察するということに集中できないことが多いのです。

また、外へ出て赤の他人に話しかけるのを好まない社員もいます。最初の数回は少し勇気が必要です。私たちはそうした当初の抵抗感を克服することを助けるとともに、何度も実践を重ねることを奨励しています。幸いなことに、多くの社員がフォロー・ミー・ホームのおかげで目が開けたと証言し、自発的に行うようになります。

フォロー・ミー・ホームの将来像をどのようにイメージしていますか？

私たちは長年にわたりフォロー・ミー・ホームを改良してきました。これからも世界の変化に応じて、フォロー・ミー・ホームも進化し続けるでしょう。Intuitの顧客は今では世界中にいます。私たちはビデオカメラやスクリーンシェアを使ったリモート観察を実施したり、各地の文化や伝統を尊重するためアプローチを微調整したりしてきました。世界のフラット化と技術革新が進めば、その流れに対応するためアプローチも変わっていくでしょう。しかし、どんなに改良を加えても、そこに宿る精神は同じです。それは、「外に出て、自分で観察しよう」ということです。

本書の読者にアドバイスをいただけますか？

シンプルに言えば、「とにかくやってみよう」ということです。いくつかのプロジェクトで小さなことから試してみれば、何が有効で何が無効なのかがわかってくると思います。そして、学習したことをもとに取り組みの規模を拡大するか、自分1人でやり続けるかを決めるのです。ひょっとしたら、会社にとって欠かせない存在になれるかもしれません。

この本の読者はイノベーションのベストプラクティスに詳しいでしょう。なので、それらのベストプラクティスにフォロー・ミー・ホームも加えてみたらどうでしょうか？　ただ覚えておいてほしいのは、フォロー・ミー・ホームはイノベーターに求められる数多くのスキルの1つにすぎないということです。フォロー・ミー・ホームだけでビジネスが成功することはありません。それをさらに補うプログラムを考える必要があるかもしれないし、これらの手法を受け入れる文化を育む必要があるかもしれません。とはいえ、フォロー・ミー・ホームのメリットは、短時間で実行でき、柔軟性があり、製品ローンチに失敗するよりもはるかに低いコストですむということです。ですから、まずは外へ出て、挑戦してみてください。

ベネット・ブランク
Intuit社イノベーションリーダー

顧客発見／調査

顧客発見サーベイ

自由回答形式のアンケートで顧客の意見を収集します。

◒ ●●○○○
コスト

⚖ ●○○○○
エビデンスの強さ

🕐 ●●○○○
準備時間

⏱ ●●●○○
実行時間

▦ ▨ ◈
魅力性　実現可能性　存続可能性

長所：価値提案や顧客のジョブ、ペイン、ゲインを発見できる。

短所：顧客の発言と行動が必ず一致するわけではない。

✂ ⬡ ⣿ ⚒ ▤ ◢ ◁ 🔍 ◔
スキル　プロダクト／マーケティング／リサーチ

質問の例
・最後に [ここにシナリオを入れる] したのはいつですか?
・あなたの身に起こったことと、それによってどんな影響を受けたのかを教えてください。
・他の選択肢を検討しましたか? その理由は?
・あなたが魔法の杖を持っていたとして、それを振ったら、どんなことが起きてほしいですか?
・他にどんな質問をしてほしいですか?

準備
☐ アンケートの目的と知りたいことを明確にする。
☐ アンケートの対象者を決める。
☐ 回答率が10〜20%だと想定した場合、何人にアンケートを配るべきかを計算する。
☐ 回答募集の期間を設定する。
☐ アンケートを作成する。

実行
☐ アンケートを顧客に送る。

分析
☐ アフィニティソートで回答をテーマごとにまとめる(分類前にテーマ名を決めないよう注意する)。
☐ ワードクラウドやテキストアナライザーを使い、使用頻度の高い単語やフレーズを視覚化する。
☐ チームでテーマと回答を再検討し、次回の実験でより詳しく知りたい1〜3個のテーマをドット投票で決める。
☐ 分析結果をもとに、バリュー・プロポジション・キャンバスを更新する。

コスト

あまりかかりません。顧客にアンケートを送る無料または低価格のサービスが存在します。費用の大部分はターゲット顧客へのアクセスで発生します。ターゲットが専門家や企業の場合、あるいはB2Bビジネスの場合、費用は高くなります。また、サンプルのサイズが小さくなるため、ターゲット顧客へのアクセスだけで時間と費用がかかってしまう可能性があります。

準備時間

数時間から1日程度。質問の多くは自由回答であるため、準備にあまり時間がかかりません。

実行時間

ターゲット顧客となりうる人々の数と彼らへのアクセスしやすさによって決まります。数日程度で終わるはずですが、十分な結果が得られない場合は、期間が延長される可能性があります。

⚖️ ●●○○○○

エビデンスの強さ

●○○○○

自由回答アンケートの回答数
インサイト

回答の中から、繰り返し現れるパターンを探します。似たような顧客の回答を5人分読んだあたりから、違う表現で同じ内容が書かれていることに気づき始めるはずです。

●○○○○

サーベイ後の接触希望者数

有効なメール

接触希望者の数は、サーベイ対象者の1割程度が望ましいです。

スキル

プロダクト／マーケティング／リサーチ

否定的なトーンではない自由回答の質問を作れる必要があります。また、対象者を特定して、アフィニティソートでアンケート結果を分析したり、ワードクラウドで回答パターンを見つけたりできなければなりません。

要件

定性的な参考資料

他の実験ですでに、規模は拡大できないけれども定性的なインサイトを得ていれば、効果が大きいです。そのようなインサイトをサーベイのデザインに利用します。

対象者へのアクセス

サーベイのデザインと並んで重要になるのが、適切な顧客へのアクセスです。会社の既存のサイトに多くのアクセスがある場合、サーベイの対象者を見つけるのは簡単です。そのようなアドバンテージがない場合や、新規市場への参入を考えている場合は、まずチームでアイデアを出し合う必要があります。

顧客へのインタビュー

p. 106

インタビューのメモを参考に、サーベイ
をデザインする。

ペーパープロトタイプ

p. 182

価値提案に興味を示した回答者に
連絡して、ペーパープロトタイプへの
協力を依頼する。

クリック可能なプロトタイプ

p. 236

価値提案に興味を示した回答者に
連絡して、クリック可能なプロトタイプ
への協力を依頼する。

スピードボート

p. 218

少人数を対象としたスピードボート実
験の結果から、何が進捗に影響を与
えているのかがわかり、より対象者の
多いサーベイのデザインに役立つ。

顧客発見サーベイ

検索トレンド分析

p. 126

回答者が挙げたジョブ、ペイン、ゲイ
ンが、ネットで頻繁に検索されている
かどうかを調べる。

ソーシャルメディア・キャンペーン

p. 168

サーベイの対象者を募集するために
ソーシャルメディアを利用する。

顧客発見／データ分析

検索トレンド分析

検索データをもとに、検索者、検索エンジン、コンテンツ間の相互作用を調査します。

😊 ●○○○○
コスト

⚖️ ●●●○○
エビデンスの強さ

🕐 ●●○○○
準備時間

⏱️ ●●○○○
実行時間

🔳 ◪ ◕
魅力性　実現可能性　存続可能性

長所：サードパーティーの市場リサーチデータに頼らずに、自ら新しいトレンド
について調査する場合に最適。

✂️ 📦 ⚙️ ✍️ 🗄️ 🏷️ 📣 🔍 📊
スキル　データ／マーケティング／リサーチ

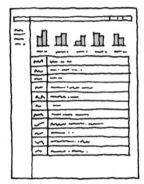 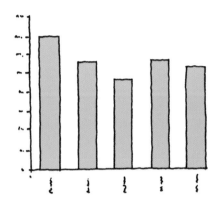 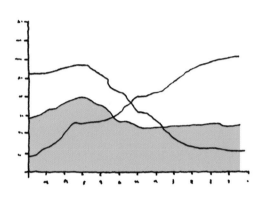

準備

☐ 使用するツール（Googleトレンド、Google キーワードプランナーなど）を決める。

☐ 検索地域を絞る。

☐ 以下のような調査したいトピックをリストアップする。

・顧客のジョブを解決しようとしている人。

・顧客のペインに取り組む必要がある人。

・顧客のゲインを生み出したいと思っている人。

・既存のソリューションに満足していない顧客。

実行

☐ トピックに関係するフレーズを検索する。

☐ スクリーンショットやエクスポートなどで検索結果を保存する。

☐ 意外だった発見をメモする。

分析

☐ 検索結果を集める。

☐ フォーカスしている問題の大きさと市場の規模を比較検討する。ある典型的なトピックに関して最も検索数が多いキーワードは何か？そのキーワードはビジネスチャンスにつながるか？

☐ 検索数が多いキーワードを3つ選び、次の実験でさらに詳しく調査する。

コスト

検索トレンド分析のツールは無料か低価格であるため、費用はほとんどかかりません。Googleトレンドも Google キーワードプランナーも現在無料で利用できます。

準備時間

数分から数時間。検索条件を定義し、ツールを選択します。

実行時間

数時間から数日。調査するトピックや地域の数が多ければ、それだけ時間がかかります。

エビデンスの強さ

●●●○○

検索ボリューム
ある期間内におけるキーワードの検索数
検索ボリュームは地域、時間、業種によって異なります。関心の度合いを総合的に判断するため、他の検索結果と比較しなければなりません。

●●●○○

関連クエリ
調査に使用した検索キーワードの関連語
実験が適切に行われていれば、検索ボリュームと関連クエリのエビデンスは、その他の小規模な定性的リサーチよりも強いです。

スキル

データ／マーケティング／リサーチ

検索トレンド分析は誰でも実施できます。Googleトレンドや Google キーワードプランナーのようなトレンド分析ツールは、操作状況に応じて表示されるヘルプ機能が使えるので、操作に困ることはないでしょう。ただ、検索結果を詳しく分析するには、データ、マーケティング、リサーチのスキルがあるといいでしょう。

要件

オンライン顧客

検索トレンド分析は、顧客のジョブ、ペイン、ゲイン、さらにはソリューションへの購買意欲を発見する強力な方法です。しかし、こうしたエビデンスを得るには、顧客が事前にオンライン検索をしていなければなりません。そのため、ニッチ、B2B、オフライン顧客をターゲットにしている場合は、大きな成果が得られないでしょう。

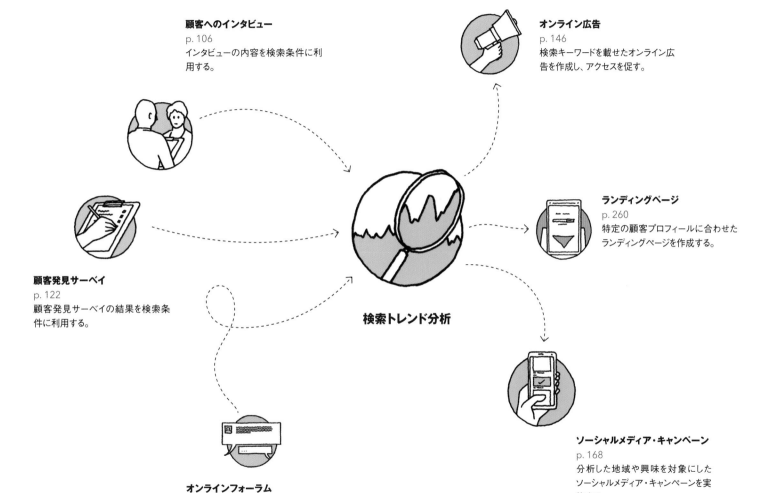

顧客へのインタビュー
p. 106
インタビューの内容を検索条件に利用する。

オンライン広告
p. 146
検索キーワードを載せたオンライン広告を作成し、アクセスを促す。

ランディングページ
p. 260
特定の顧客プロフィールに合わせたランディングページを作成する。

顧客発見サーベイ
p. 122
顧客発見サーベイの結果を検索条件に利用する。

検索トレンド分析

ソーシャルメディア・キャンペーン
p. 168
分析した地域や興味を対象にしたソーシャルメディア・キャンペーンを実施する。

オンラインフォーラム
p. 134
オンラインフォーラムの調査で学習したことを、問題の大きさを見極める検索条件に利用する。

検索トレンド分析

データ分析

129

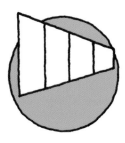

顧客発見／データ分析

ウェブトラフィック分析

ウェブサイトの分析ツールを利用して、顧客行動のパターンを調査します。

⬤⬤◯◯◯
コスト

⚖ ⬤⬤⬤⬤◯
エビデンスの強さ

🕐 ⬤⬤◯◯◯
準備時間

⏱ ⬤⬤⬤◯◯
実行時間

✂◻⚃◈🗄🖌📢🔍🥧
スキル テクノロジー／データ

魅力性　実現可能性　存続可能性

データの収集、レポート作成、分析のためのツールなどを利用して、サイトを訪れた顧客の行動パターンを見つける。

準備
☐ 以下のどのイベント（顧客が取る
アクション）にフォーカスするかを
決める。
・登録数の増加
・ダウンロード数の増加
・購入数の増加
☐ そのイベントにつながる手順を決
める。
☐ いつからいつまで分析するのかを
決める。

実行
☐ アナリティクスツールを使用して、
定義された顧客のフローについて
解析を行う。
☐ 各ドロップオフ（脱落）・ポイントの
割合をメモする。

分析
☐ フローの中でドロップオフが最大
のものはどれか？
☐ 数値の改善につながる実験はど
れか？

コスト

Googleアナリティクスのようなフリーのツールを使用するのであれば、費用はあまりかかりません。イベントレベルのトラッキングを行うなどより深く分析したい場合は、有料のツールが必要になるでしょう。また、ウェブページ上の顧客行動を分析できるヒートマップツールも低価格で提供されています。

準備時間

準備時間は比較的短く、数時間から数日です。ツールをウェブサイトに組み込み、データを監視するためにダッシュボードにログインする必要があります。ツールによって、データの反映に1日以上かかる場合があります。

実行時間

たった数日のデータでリスクの高い決定を下すことはできません。そのため、実行期間はかなり長いです。トラフィックの量に左右されますが、数週間から数カ月程度かかります。

エビデンスの強さ

●○○○○

セッション数

ウェブサイトで特定の時間枠内に発生した1人のユーザーによるインタラクションの回数。時間枠は通常30分以内。

●●○○○

ドロップオフ数

ドロップオフは、こちらが定義したフローからユーザーが脱落することです。どの段階で何%の人が脱落したのか、サイトそのものから去ったのかを分析します。

　サイトに何人の顧客がいて、どの段階で離脱したのかということは、比較的強いエビデンスです。しかし、離脱の理由まではわかりません。

●●●●○

アテンションの量

アテンションとは、ユーザーのさまざまなアクション数のことであり、ページの滞在時間とクリック箇所の情報が含まれます。ユーザーはボタンやリンクをクリックするとは限りません。ヒートマップツールを使うと、サイト内でアテンションを集めた場所と失った場所がわかります。

　アテンションは相当強いエビデンスですが、セッション数やドロップオフ数と同様に、顧客行動の理由まではわかりません。

スキル

テクノロジー／データ

ユーザーの基本的な行動パターンにとどまらず、より深くウェブトラフィック分析を行いたいとなると、一気に難易度が上がります。アナリティクスをウェブサイトに組み込むこと、そして結果を分析できる程度にデータを扱うことができるといいでしょう。たとえば、ヒートマップのデータからユーザーがクリックした場所がわかりますが、そのデータをソースごとに分類し、メール・キャンペーンから誘導されたユーザーとオンライン広告から誘導されたユーザーとでは行動が異なるかどうかを分析できなければなりません。

要件

トラフィック

ウェブトラフィック分析で十分なエビデンスを集めるには、アクティブユーザーを抱える既存のウェブサイトが必要になります。また、以下のような方法でサイトへのアクセスを促すことも大切です。

・オンライン広告
・ソーシャルメディア・キャンペーン
・メール・キャンペーン
・口コミ
・オンラインフォーラム

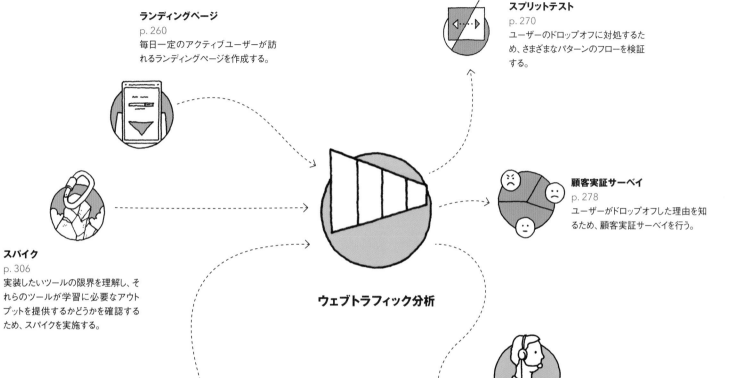

ランディングページ
p. 260
毎日一定のアクティブユーザーが訪
れるランディングページを作成する。

スプリットテスト
p. 270
ユーザーのドロップオフに対処するた
め、さまざまなパターンのフローを検証
する。

スパイク
p. 306
実装したいツールの限界を理解し、そ
れらのツールが学習に必要なアウト
プットを提供するかどうかを確認する
ため、スパイクを実施する。

ウェブトラフィック分析

顧客実証サーベイ
p. 278
ユーザーがドロップオフした理由を知
るため、顧客実証サーベイを行う。

単一機能のMVP
p. 240
ユーザーが使い方に慣れるまでのオ
ンボーディング・フローを理解するた
めに、ウェブサイトに単一機能の
MVPを組み込み、顧客に使用しても
らう。

顧客サポート分析
p. 142
ウェブサイトにおける顧客行動を理解
するため、サポートデータを検討する。

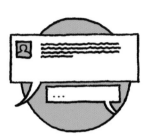

顧客発見／データ分析

オンラインフォーラム

顧客の満たされていないジョブ、ペイン、ゲインをオンラインフォーラムで調査します。

⬭ ●○○○○ **コスト**	⚖ ●●●○○ **エビデンスの強さ**		
🕐 ●●○○○ **準備時間**	⏱ ●●●○○ **実行時間**		

▦ ✉ ◈
魅力性　実現可能性　存続可能性

長所：自社の既存製品や競合の製品に対する顧客の不満を見つけられる。

✂ ⬡ ⸬ ⚒ 🗄 ✎ 📢 🔍◔
スキル　データ／リサーチ

準備

☐ 実験に使用するオンラインフォーラム（社内向けあるいは社外向け）を決める。

☐ エビデンスの有無を確認する以下のような問いを設定する。

・重要な顧客のジョブを解決しようとしていないのではないか？

・深刻な顧客のペインに取り組んでいないのではないか？

・顧客のゲインを生み出そうとしていないのではないか？

・顧客自らが製品の欠点をカバーする解決策を考え出しているのではないか？

実行

☐ オンラインフォーラム上で問いに関係するフレーズを検索する。

☐ 検索結果をスクリーンショットやエクスポートで保存する。

☐ 投稿内容の切迫感やトーンについてメモする。

分析

☐ 発見したことをもとにバリュー・プロポジション・キャンバスを更新する。

☐ フォーラムの投稿者に、詳しい内容を知りたい旨のダイレクトメッセージを送る。

☐ 投稿者の同意を得られれば、ニーズのギャップを埋めるための実験を行う。

オンラインフォーラム

135

データ分析

コスト

基本的にオンラインフォーラムで満たされていない
ニーズを見つけて分析するだけなので、費用はほと
んどかかりません。会社独自のフォーラムがあり、ア
ナリティクスが組み込まれている場合は、効率良く
検証を行うことができます。競合のフォーラムや掲
示板サイトを調査する場合は、低コストのスクレイピ
ングツールを使用するか、手作業で情報を取得する
ことになるでしょう。手作業なら費用は抑えられます
が、作業時間は長くなります。

準備時間

比較的短いです。答えを見つけたい問題や調査す
るオンラインフォーラムを決めておきます。

実行時間

比較的短いです。スクレイピングツールを使用しな
いなら、実行時間は長くなります。実行時間を短縮
するには、作業の自動化をお勧めします。顧客の
満たされていないジョブ、ペイン、ゲインのパターン
を見つけましょう。

エビデンスの強さ

●●●○○

対処法の種類

ユーザーが既存製品の不満点にどのように対処して
いるのかを確認します。ユーザーの対処法は、製
品改善のインサイトになります。

スティーブン・ブランクが新たな製品やサービスを
いち早く取り入れるユーザーの特徴の1つとして、
「問題に対するソリューションを自前で生み出す」こと
を挙げていますが、ユーザーが独自に解決策を講じ
ているのなら、それは強いエビデンスになります。

●●○○○

機能のリクエストの種類

ユーザーがほしがっている機能のトップ3に共通する
パターンを見つけ、それが解決するジョブとペインを
調査します。

機能のリクエストは比較的弱いエビデンスです。
というのも、その機能によって解決してほしいジョブ
やペインについてさらに実験する必要があるからで
す。

スキル

データ／リサーチ

この実験では、オンラインフォーラムの選定、デー
タ収集と分析が必要になります。ウェブサイトをスク
レイピングする方法を理解し、応えるべきユーザーの
問題をデータから読み解く能力が求められます。

要件

オンラインフォーラムのデータ

実験の最も重要な要件は、既存のオンラインフォー
ラムのデータです。競合の製品に満たされていない
ニーズがあると思ったら、その製品のユーザーが投
稿しているフォーラムを確認しましょう。自社で独自
のフォーラムを持っていれば、それがデータの宝庫に
なります。

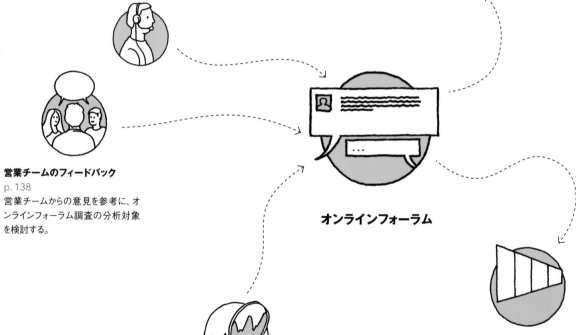

顧客サポート分析
p. 142
顧客サポートのデータを参考に、オン
ラインフォーラム調査にあたって問う
べきことを検討する。

顧客へのインタビュー
p. 106
製品やサービスの不満を投稿した
ユーザーにインタビューを依頼する。

営業チームのフィードバック
p. 138
営業チームからの意見を参考に、オ
ンラインフォーラム調査の分析対象
を検討する。

オンラインフォーラム

ウェブトラフィック分析
p. 130
学習したことが、自社のサイトにおけ
る顧客行動と一致するか調べる。

検索トレンド分析
p. 126
ネットで自社や競合の製品に対する
顧客の反応を調査する。

オンラインフォーラム

137

データ分析

顧客発見／データ分析

営業チームのフィードバック

営業チームに意見を聞いて、既存の製品やサービスでは満たされていない顧客のジョブ、
ペイン、ゲインを発見します。

◖ ●●○○○
コスト

⚖ ●●●○○
エビデンスの強さ

🕐 ●●○○○
準備時間

⏱ ●●●○○
実行時間

▦ ◪ ◓
魅力性　実現可能性　存続可能性

この実験は、営業チームがある会社に最適。

✂ ◈ ⊞ ◺ 🗄 🖋 📢 🔍 ◔
スキル　セールス／データ／リサーチ

準備

☐ 営業チームと話し合う問いを決める。

　・上位の顧客のジョブを解決しようとしているか?

　・主要な顧客のペインに取り組んでいるか?

　・顧客のゲインを生み出そうとしているか?

☐ 複雑なB2Bビジネスを行っているのであれば、以下のような役割ごとに問いを分類する。

　・ディシジョンメーカー(意思決定者)

　・エコノミックバイヤー(決裁権限者)

　・リコメンダー(製品選定者)

　・インフルエンサー(情報発信者)

☐ 営業チームとのセッションの予定を入れる。

実行

☐ これらの問いについて営業チームと話し合う。

☐ 回答を裏づけるエビデンス(セールスコール、ダッシュボード、メールなど)を提供してもらう。

☐ エクスペリエンスの向上に協力してくれたことを感謝して、セッションを終わりにする。

分析

☐ 調査結果をもとにバリュー・プロポジション・キャンバスを更新する。

☐ 顧客のニーズをさらに詳しく知るため、次に行う実験を決める。

コスト

既存の営業チームから活用可能な形で情報を収集することが中心なので、費用は比較的低いです。フィードバックの分析に高価なソフトを使ったり、コンサルタントに相談したりする必要はありません。

準備時間

比較的短いです。分析の対象とする期間やフィードバックから見つけたいことを事前に決めておきます。

実行時間

準備さえできれば実行にはそれほど時間はかかりません。分析では、満たされていないジョブ、ペイン、ゲインのパターンを探します。

エビデンスの強さ

●●●○○

ニアミス数
ニアミスのフィードバック

顧客が購入をとりやめそうになったことがあった場合、その理由は何だったでしょうか？ 顧客を取り逃がしそうになった回数は何回あって、顧客がそれについてどんな発言をしているのかを記録することで、顧客と製品とのフィットの理解を深めましょう。

　買うのをやめようと思い、結局買う決断をした顧客の意見は、比較的強いエビデンスです。コンバージョン直後の発言のため、他のフィードバックよりも有益です。

●●○○○

機能のリクエスト

営業プロセスにおける機能のリクエストの上位3件に共通するパターンと、それらの機能で解決可能なペインやジョブを特定します。

　機能のリクエストは比較的弱いエビデンスです。というのも、その機能によって解決してほしいジョブやペインについてさらに実験する必要があるからです。

スキル

セールス／データ／リサーチ

この実験では、営業チームのフィードバックを収集、分類、分析する能力が必要です。そのためには、営業の仕組みを理解し、どんな問題に対処したいのかを知る必要があります。

要件

営業チームのデータ

最重要の要件は、口頭または顧客関係管理（CRM）ソフトを通してフィードバックを与えてくれる積極的な営業チームの存在です。

顧客へのインタビュー
p. 106
インタビューのメモを参考に、営業
チームのフィードバックから満たされて
いないジョブ、ペイン、ゲインを探す。

機能の購入
p. 226
コンバージョンしなかった人を対象に
機能の購入実験を行い、彼らがほし
がっている機能を理解する。

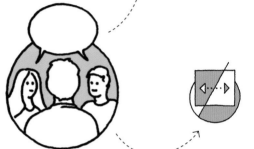

スプリットテスト
p. 270
営業プロセスにおいてさまざまな価値
提案を顧客に提示し、彼らの反応を
確認する。

顧客実証サーベイ
p. 278
サーベイの結果を参考に、営業チー
ムのフィードバックから満たされていな
いジョブ、ペイン、ゲインを探す。

営業チームのフィードバック

**エキスパート・ステークホルダー
へのインタビュー**
p. 115
ステークホルダーのインタビューメモ
を参考に、彼らのニーズが販売に結
びつくかどうかを見極める。

営業チームのフィードバック

141

データ分析

顧客発見／データ分析

顧客サポート分析

顧客サポートのデータを参考に、既存の製品やサービスでは満たされていない顧客のジョブ、
ペイン、ゲインを発見します。

🪙 ●●○○○
コスト

⚖️ ●●○○○
エビデンスの強さ

🏁 🔀 🥧
魅力性　実現可能性　存続可能性

この実験は、すでに相当数の顧客を抱えている会社に最適。

🕐 ●●○○○
準備時間

⏱️ ●●●○○
実行時間

✂️🧊🕸️⚒️🗄️🏷️📢🔍🥧
スキル　データ／セールス／マーケティング／リサーチ

準備

☐ 顧客サポートチームと話し合う問いを決める。

　・上位の顧客のジョブを解決しようとしているか?

　・主要な顧客のペインに取り組んでいるか?

　・顧客のゲインを生み出そうとしているか?

☐ 顧客サポートチームとの予定を入れる。

実行

☐ これらの問いについて顧客サポートチームと話し合う。

☐ 回答を裏づけるエビデンス(サポート電話、ダッシュボード、メールなど)を提供してもらう。

☐ エクスペリエンスの向上に協力してくれたことを感謝して、セッションを終わりにする。

分析

☐ 調査結果をもとにバリュー・プロポジション・キャンバスを更新する。

☐ 顧客のニーズをさらに詳しく知るため、次に行う実験を決める。

コスト

費用の大部分は顧客データの収集で発生します。データ分析に高価なソフトを使ったり、コンサルタントに相談したりする必要はありません。

準備時間

データがあれば、準備時間は比較的短いです。分析期間とデータから何を見つけるかを決めておきます。

実行時間

データがあり、調査目的がはっきりしていれば、実行時間は比較的短いです。満たされていないジョブ、ゲイン、ペインのパターンを見つけます。

エビデンスの強さ

●●○○○

顧客のフィードバック

サポート電話の顧客の発言から、彼らが実現しようとしているジョブ、対処されていないと感じているペイン、満たされていないゲインがわかります。

　顧客のフィードバック自体は比較的弱いエビデンスですが、次の実験の参考になります。

●●○○○

機能のリクエスト

機能のリクエストの上位3件に共通するパターンと、それらの機能で解決可能なペインやジョブを特定します。

　機能のリクエストは比較的弱いエビデンスです。というのも、その機能によって解決してほしいジョブやペインについてさらに実験する必要があるからです。

スキル

データ／リサーチ／マーケティング／セールス

この実験では、顧客サポートデータを収集、分類、分析する能力が必要です。そのためには、営業の仕組みを理解し、どんな問題に対処したいのかを知る必要があります。

要件

顧客サポートデータ

最も重要な要件は、分析すべき顧客サポートデータをすでに持っているということです。データには電話録音やメールなどのさまざまな形態が存在し、内容もバグの報告や機能のリクエストなど多岐にわたります。また、ごく一部の顧客からの単発的で裏づけのない会話だけでは、データとして成立しません。

顧客へのインタビュー
p. 106
インタビューのメモを参考に、顧客サ
ポートデータから満たされていないジョ
ブ、ペイン、ゲインを探す。

ウェブトラフィック分析
p. 130
顧客サポートデータの分析結果が、
ウェブサイト上の顧客行動と一致する
か確認する。

顧客実証サーベイ
p. 278
サーベイの結果を参考に、顧客サ
ポートデータから満たされていないジョ
ブ、ペイン、ゲインを探す。

顧客サポート分析

営業チームのフィードバック
p. 138
顧客サポートデータで学習したことと
営業チームのフィードバックを照らし
合わせて検証する。

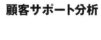

**エキスパート・ステークホルダー
へのインタビュー**
p. 115
ステークホルダーのインタビューメモ
を参考に、彼らのニーズが顧客の発
言と一致するか調べる。

スピードボート
p. 218
顧客に製品の物足りない点を指摘し
てもらうのではなく、スピードボート実
験に参加してもらい、製品が本人の
助けになるケースとならないケースに
ついて理解を深める。

顧客発見／興味の発見

オンライン広告

シンプルなCTAでターゲット顧客に対して価値提案を明確に示します。

🥟 ●●●○○ **コスト**	⚖️ ●●●○○ **エビデンスの強さ**
🕐 ●●○○○ **準備時間**	⏱️ ●●●○○ **実行時間**

🔲 ✉️◀️🎯
魅力性　実現可能性　存続可能性

長所：ネットで大規模に価値提案を検証できる。

✂️📦⚙️✍️🗄️🏷️📢🔍📊
スキル　デザイン／プロダクト／マーケティング

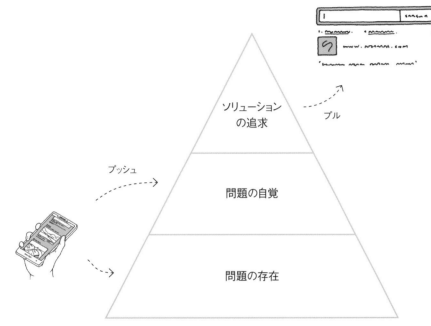

このツールは、『アントレプレナーの教科書』（スティーブン・ブランク著、翔泳社）の図3.1に着想を得ています。

ターゲット顧客の発見

オンラインでターゲット顧客を見つけるのは難しいですが、創造力と粘り強さがあれば可能です。実験のデザインに先立って、早い段階でターゲット顧客を特定しておかなければなりません。

たとえば、バリュー・プロポジション・キャンバスを作成するときに、オンラインのターゲット顧客を発見する場所についてアイデア出しを行います。その後、チームが最初にどの場所を試すか多数決で決めます。

顧客はどのステージにいるか?

顧客を見つける場所の順位付けが終わったら、顧客の状況に基づいてアプローチをカスタマイズします。戦略の策定には、スティーブン・ブランクのモデルを利用できます。

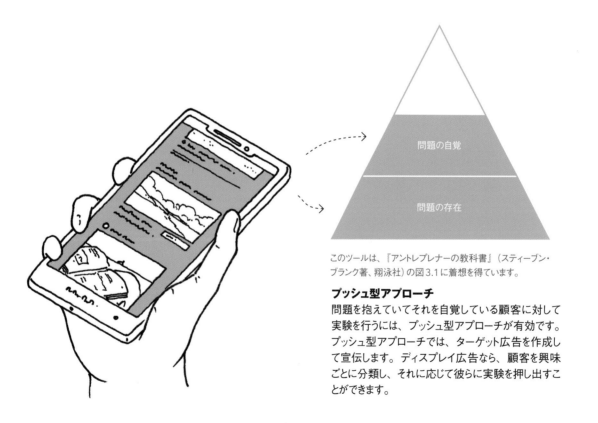

このツールは、『アントレプレナーの教科書』（スティーブン・ブランク著、翔泳社）の図3.1に着想を得ています。

プッシュ型アプローチ

問題を抱えていてそれを自覚している顧客に対して実験を行うには、プッシュ型アプローチが有効です。プッシュ型アプローチでは、ターゲット広告を作成して宣伝します。ディスプレイ広告なら、顧客を興味ごとに分類し、それに応じて彼らに実験を押し出すことができます。

ソーシャルメディアの広告

準備

- ☐ 広告を掲載するソーシャルメディアを決める。
- ☐ ターゲットにするユーザー、広告掲載期間、予算を決定する。
- ☐ CPC（1クリックあたりの単価）を選択する。
- ☐ 広告に商号とロゴを入れる。
- ☐ 提供する製品やサービスを正しく伝えるためバリュー・プロポジション・キャンバスからバリュー・ステートメントを作成する。
- ☐ バリュー・ステートメントを強化する魅力的な画像を作成する。
- ☐ ランディングページに飛ぶリンクを入れる。

実行

- ☐ 広告が承認されたら、ソーシャルメディアに掲載する。
- ☐ 以下のデータを毎日チェックする。
  - ・広告費
  - ・インプレッション数
  - ・クリックスルー率
  - ・コメント数とシェア数

分析

- ☐ 広告の実績を毎日分析する。
- ☐ クリックスルー率が低い広告に多額の資金を費やしていることがわかったら、キャンペーンを中断してキャッチコピーと画像を変更し、キャンペーンを再開する。

検索広告

準備

☐ 広告を掲載する検索プラット
　フォームを決める。

☐ ターゲットにするユーザー、広告
　掲載期間、予算を決定する。

☐ CPC（1クリックあたりの単価）を
　選択する。

☐ 提供する製品やサービスを正しく
　伝えるため、バリュー・プロポジショ
　ン・キャンバスからバリュー・ステート
　メントを作成する。

☐ ランディングページに飛ぶリンクを
　入れる。

☐ 価値を示すヘッドラインとしてバ
　リュー・ステートメントの縮小版を
　作成する。

☐ 広告の承認申請をする。

実行

☐ 広告が承認されたら、検索広告を
　掲載する。

☐ 以下のデータを毎日チェックする。
　・広告費
　・インプレッション数
　・クリックスルー率

分析

☐ 毎日の広告実績を分析する。

☐ クリックスルー率が低い広告に多
　額の資金を費やしていることがわ
　かったら、キャンペーンを中断して
　キャッチコピーと画像を変更し、
　キャンペーンを再開する。

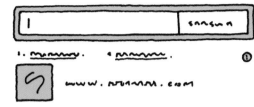

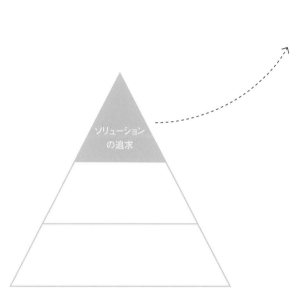

このツールは、『アントレプレナーの教科書』（スティーブン・
ブランク著、翔泳社）の図3.1に着想を得ています。

プル型アプローチ

プル型アプローチは、すでにソリューションを追求し
ている人を対象にするので、若干異なるやり方が必
要になります。提供するソリューションが彼らの目に
留まるようにしなければなりません。

　プル型アプローチでは、ユーザーが問題の解決
策を検索しているときに、自分の実験が確実に表示
されなければなりません。そのために、オンライン検
索広告を利用し、適切な検索キーワードを設定して、
顧客を自分の価値提案にプル（引き寄せる）します。

コスト

オンライン広告の費用は、ディスプレイ広告か検索広告か、どんなキーワードか、業種の平均CPCがどれくらいかによって大きく異なります。一般的に言えるのは、ビジネスの初段階では高い広告費をかけることは避けたほうがいいということです。広告を出さないと顧客が取得できなくなってしまうかもしれないし、のちにビジネスを拡大するのが難しくなるかもしれません。

準備時間

文字だけの広告であれば、数分で作成できます。画像データを含む広告であれば、広告のふさわしい画像を見つけたり作ったりするための時間がかかります。

実行時間

プラットフォームによって、広告承認までに1〜3日かかります。承認後、毎日の実績を調べるために少なくとも1週間は広告掲載を続ける必要があります。

エビデンスの強さ
ユニーク閲覧数
クリック数

クリックスルー率は、「広告のクリック数÷広告の閲覧数」で求められます。クリックスルー率は業種によって異なるので、基準値を調べておかなければなりません。

　ユーザーが広告をクリックするという行為は、比較的弱いエビデンスですが、チャネルの検証としては有効です。ランディングページのコンバージョン数と組み合わせることで、より強いエビデンスになります。

スキル
デザイン／プロダクト／マーケティング

オンライン広告の掲載は、プラットフォームのサービスの向上により、とても簡単になりました。それでも適切なCTAでターゲット顧客に価値提案をうまく伝えるには、広告の作成能力——プロダクト、マーケティング、デザインのスキル——が必要になります。そうでなければ、コンバージョンにつながらないでしょう。

要件
リンク先のページ

広告をクリックしたら表示されるページが必要になります。大抵の場合は何らかのランディングページになります。プラットフォームはここ数年規定が厳しくなっているので、広告の価値提案と合致し、サイトのリンク先としての要件を満たすページを作らなければなりません。広告実験を行うまえに、これらの要件を見直しましょう。さもないと、広告申請が受理されない可能性があります。

顧客へのインタビュー
p. 106
インタビューのメモを参考にオンライン広告のコピーを考える。

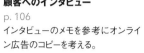

ソーシャルメディア・キャンペーン
p. 168
学習したことをもとにソーシャルメディア・キャンペーンを実施する。

プロダクトボックス
p. 214
プロダクトボックス実験を行い、広告における望ましい価値提案の伝え方を理解する。

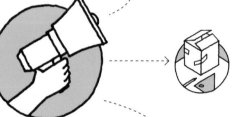

検索トレンド分析
p. 126
キーワードや検索のトレンド分析からターゲット層を見つける。

オンライン広告

ランディングページ
p. 260
広告のリンク先となるランディングページを作成する。

スプリットテスト
p. 270
複数の広告を作成し、顧客の反応を確認する。

オンライン広告

151 興味の発見

顧客発見／興味の発見

リンクトラッキング

価値提案の詳細情報を得るためにトラッキング可能なリンクを導入します。

コスト　●●○○○○

エビデンスの強さ　●●●●○○

準備時間　●○○○○○

実行時間　●●●●○○

魅力性　実現可能性　存続可能性

長所：顧客行動を検証して定量的データを集められる。

スキル　テクノロジー／データ

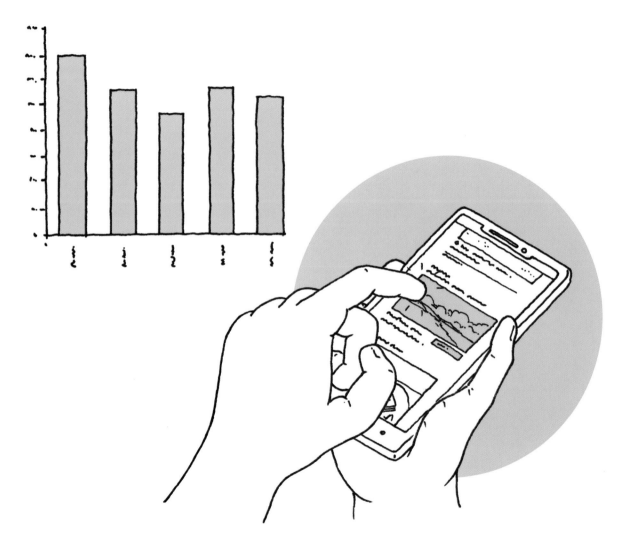

準備
- ☐ リンクを入れる場所を決める。
- ☐ リンクのための明確なCTAを設ける。
- ☐ リンクの閲覧数とクリック数をトラッキングするためにアナリティクスを埋め込む。
- ☐ リンク先のコンテンツを作成する。

実行
- ☐ リンクを有効にし、顧客に公開する。
- ☐ 顧客の反応を確認するために数日から数週間実験を継続する。

分析
- ☐ コンバージョン（リンククリック率）を算出する。
- ☐ コンバージョンとリンク先における顧客行動を比較する。
- ☐ 学習したことをもとに、リンクのスプリットテストを行う。

リンクトラッキング

153

興味の発見

コスト

コストは比較的低いです。ウェブ分析ツール、オンライン広告、メールソフトの多くは、リンクごとのトラッキング機能を提供しています。

準備時間

既存のソフトを利用するなら、準備時間は比較的短いです。さまざまなデジタルメディア形式のリンクを作成する必要があります。

実行時間

リンクを見て、クリックするかどうかを決断するのに一定の時間を要します。実行時間は通常2〜3週間です。

エビデンスの強さ

ユニーク閲覧数

クリック率は、「リンクをクリックした人の数÷リンクを見た人の数」で求められます。

クリック率は業種によって異なります。業界の平均から実験の基準値を決めます。

リンククリック数は、エビデンスの強さとしては中程度です。顧客の行動内容はわかりますが、その動機まではわかりません。

スキル

テクノロジー／データ

トラッキング機能付きのリンクを作成し、調査結果が理解できれば、高度な専門知識は不要です。

要件

CTA（顧客への行動要請）

リンクトラッキングは、明確なCTAや価値提案が必要です。これらを文章や画像ではっきり伝えたうえで、リンクからウェブサイトへのアクセスを促す必要があります。

顧客へのインタビュー
p. 106
インタビューの際にメールアドレスを
集め、リンクトラッキングが埋め込まれ
たフォローアップ・メールを送る。

スプリットテスト
p. 270
複数のリンクを作成し、トラッキング結
果を比較する。

リンクトラッキング

オンライン広告
p. 146
クリックスルー率を調査するため、リン
クを埋め込んだオンライン広告を作成
する。

ランディングページ
p. 260
ランディングページにリンクトラッキン
グを埋め込み、オンライン広告をクリッ
クした顧客がどのようにコンバージョン
したのかを調べる。

メール・キャンペーン
p. 162
メールにリンクトラッキングを埋め込
み、何人の顧客がリンクをクリックした
のかを調べる。

顧客発見／興味の発見

機能のスタブ

スタブとは、コンピュータプログラムを検証するため代用として使用するプログラムを指すことが多いです。この実験では、実装予定の機能を部分的に搭載します。通常はボタンの形で提供され、クリック等の反応を検証できます。

コスト ●○○○○	エビデンスの強さ ●●●●○
準備時間 ●●○○○	実行時間 ●●○○○

魅力性　実現可能性　存続可能性

長所：既存のプロダクトに追加する新機能の魅力性を早急に検証できる。

短所：必要不可欠な機能を検証する場合には向いていない。

スキル　デザイン／プロダクト／テクノロジー

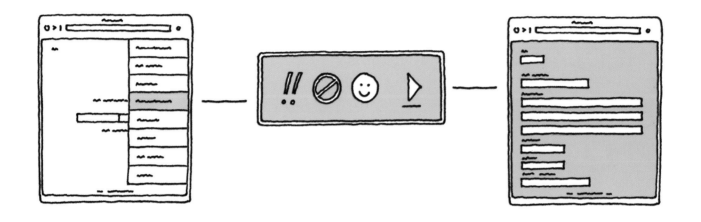

準備

☐ スタブを設置する場所を決める。プロダクトのワークフローで一番必要だと思う部分に追加する。

☐ 実験の期間を決め、スケジュールを組む。

☐ スタブを導入するプロダクトのデザインに合わせたスタブを作成する。

☐ クリックすると、「この機能はまだ完成していません」というメッセージが表示されるようにする。

☐ ユーザーが再度クリックするほど興味があるかを見極めるため、「詳細はこちら」（learn more）のリンクを追加する。どの程度興味があるかを聞くアンケートやメール配信の登録フォームを設置してもいい。

☐ 閲覧数とクリック数を調査するため、アナリティクスを組み込む。

☐ 機能のスタブのオン・オフを素早く切り替えられるようにトグルボタンを実装する（これは非常に重要!）。

実行

☐ 機能のスタブをオンにする。

☐ 1時間単位でリンクのアクティビティを監視する。

☐ 実験期間が終了したら機能のスタブをオフにする。

分析

☐ 機能のスタブのボタン、「詳細はこちら」、アンケートのコンバージョン率を計算し、これらのレートが成功基準に達しているかどうかを調べる。

☐ 実験結果をチームで検討し、今後も追求する価値がある機能かどうかを決める。

コスト

機能そのものではなくエントリーポイントだけを開発すればいいので費用はほとんどかかりません。

準備時間

既存の製品やサービスにおけるスタブなので数時間程度です。それよりも長く時間がかかる場合は、実験を行うために求められるアーキテクチャーを再検討する必要があるでしょう。

実行時間

機能のスタブは素早くエビデンスを集める実験なので3日以上行ってはなりません。

　実行期間が長いと、顧客がちゃんと機能することを求めるようになりフラストレーションを溜めてしまうでしょう。

エビデンスの強さ

ユニーク閲覧数
ボタンクリック数
ボタンのコンバージョン率
コンバージョン率は、「クリック数÷ユニーク閲覧数」で求められます。コンバージョン率15%を目標にします。

　ボタンの閲覧数とクリック数は比較的弱いエビデンスですが、顧客の関心の高さがわかります。

●●●○○

「詳細はこちら」のクリック数
「詳細はこちら」のコンバージョン率
コンバージョン率は、「クリック数÷ユニーク閲覧数」で求められます。コンバージョン率5%を目標にします。

　「詳細はこちら」のクリックは、単にポップアップを閉じることよりもやや強い関心を示します。

●●●●○

アンケートの回答数
アンケートのフィードバック
コンバージョン率は、「アンケートの回答数÷ユニークな『詳細はこちら』のクリック数」で求められます。コンバージョン率3%を目標にします。

　「詳細はこちら」をクリックし、アンケートに回答することは、ポップアップを閉じることよりもやや強い関心を示します。ユーザーの自発的なクリックとアンケート回答（プロダクトに搭載してほしい機能について）から、貴重なインサイトが得られます。

スキル

デザイン／プロダクト／テクノロジー

既存のプロダクトにフィットするボタン、ボタンをクリックして機能が未完成であることを伝えるメッセージ、任意回答のアンケートをデザインしなければなりません。また、パフォーマンスを測定するために、アナリティクスを組み込む必要があります。

要件

既存のプロダクト

機能のスタブ実験では、すでにアクティブユーザーが存在するプロダクトが必要です。そのようなプロダクトがなければ、顧客の興味を測定するのは難しいです。信頼できるエビデンスを得るには、ユーザーがプロダクトを利用する流れの中でスタブを確認できなければなりません。

統合とアナリティクス

機能のスタブは、すぐにオン・オフの切り替えができなければなりません。それが可能かどうかを確認し、公開前に作動するかどうかをチェックします。また、機能への興味を調査するアナリティクスが必要になります。

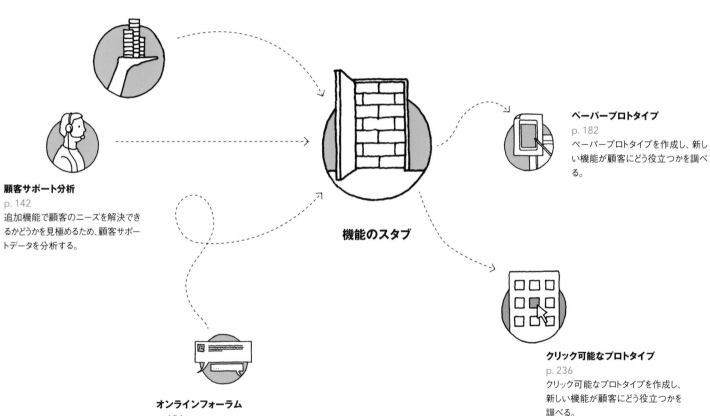

機能の購入
p. 226
機能の購入実験を行い、顧客にとっての優先順位を見極める。

顧客サポート分析
p. 142
追加機能で顧客のニーズを解決できるかどうかを見極めるため、顧客サポートデータを分析する。

機能のスタブ

オンラインフォーラム
p. 134
オンラインフォーラムを検索し、顧客が独自にプロダクトの問題解決に取り組んでいるかを確かめる。

ペーパープロトタイプ
p. 182
ペーパープロトタイプを作成し、新しい機能が顧客にどう役立つかを調べる。

クリック可能なプロトタイプ
p. 236
クリック可能なプロトタイプを作成し、新しい機能が顧客にどう役立つかを調べる。

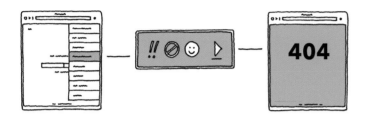

顧客発見

160

実験

顧客発見／興味の発見

404テスト

404テストは、機能のスタブよりリスクが高いですが、より早く結果が得られます。機能のスタブとは違い、リンク先のページが存在しません。したがって、ボタンやリンクをクリックすると404エラーが表示されます。404エラーの発生回数をカウントして、機能の魅力性を確認します。

この手法は大規模な顧客検証を速やかに行えるものの、顧客にプロダクトが壊れているとの印象を与えてしまう恐れがあります。

404テストは、数時間以上行わないようにしましょう。

コスト

準備時間

実行時間

エビデンスの強さ

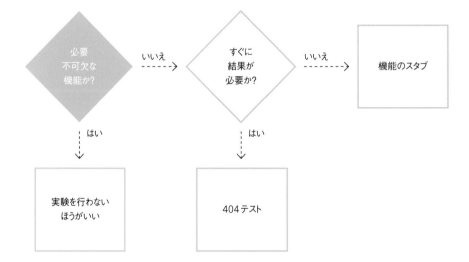

素早い検証は、有益な議論や論理的な主張と同じくらいの価値があり、数多くの会議を省略できる。

——ステファン・カウファー (トリップアドバイザーCEO)

終わらない会議

ある機能が顧客にとって役立つかどうかをメンバーと議論した経験があるでしょうか?

エビデンスがなければ、いつまでたっても議論の結論が出ず、単なる意見に基づいて意思決定することになってしまいます。

機能のスタブでは、顧客の需要を測るデータが得られます。

そのスタブが大いに人気を集め、「いつ使えるようになるのか?」と問い合わせが来るようなら、議論の堂々巡りから抜け出せるでしょう。

では、誰もボタンをクリックしなかったら?　それも1つのエビデンスであり、議論を前に進めることができます。

実験において大切なのは、自分の予想が当たっていたと仲間に自慢することではありません。データをもとに議論を進めることです。こうした場面においては、自分が正しいことよりも、前に進めることが重要なのであり、前に進むためには機能のスタブは優れた手法だと言えます。

顧客発見／興味の発見

メール・キャンペーン

一定期間にわたってメールで顧客に配信されるメッセージです。

🪙 ●○○○○ **コスト**	⚖ ●●●○○ **エビデンスの強さ**
🕐 ●●○○○ **準備時間**	⏱ ●●●○○ **実行時間**

🔲 ✉📐
魅力性　実現可能性　存続可能性

長所：特定の顧客セグメントに対し、価値提案を素早く検証できる。

短所：顧客との対面コミュニケーションの代わりにはならない。

スキル　デザイン／プロダクト／マーケティング

準備

☐ メール・キャンペーンのゴールを
定義する。

☐ 数日あるいは数週間にわたって
顧客に次々と価値を提供するた
めの「ドリップメール」を作成する。

☐ 文面や画像を評価するため、社
内でテストメールを送信する。

実行

☐ 顧客に対してメール・キャンペーン
を実施する。

☐ 顧客の反応に素早く対応する。

分析

☐ どのメールが最も効果があったの
かを分析する。

☐ 最も開封数が多かったメールはど
れか?

☐ 最もクリック数が多かったメールは
どれか?

☐ 最も返信数が多かったメールはど
れか?

☐ チームで分析結果をまとめ、次の
キャンペーンのための振り返りを
行う。

コスト

比較的低いです。キャンペーンメールの作成、登録者への一括配信、顧客の反応分析を手頃な価格で行えるサービスが複数存在します。

準備時間

ツールを使用すれば、数分から、長くても数時間でキャンペーンの準備が完了します。一度スケジュールを設定すれば、自動的にメールが配信されます。

実行時間

内容にもよりますが、短くて1〜2日、長くて3〜4週間キャンペーンを実施します。

エビデンスの強さ

開封数
クリック数
バウンス（不達）数
登録解除数

開封率は、「ユニーク開封数÷ユニーククリック数」で求められます。

　クリック率は、「メール内のリンクを最低1つクリックした人の割合」で求められます。

　開封率とクリック率は業種によって異なります。業界の平均から実験の基準値を決めます。メール配信サービスの多くは、レポート機能の一部として平均値を確認できます。

　メールの開封率とクリック率は、エビデンスとして中程度の強さがあります。

スキル

デザイン／プロダクト／マーケティング

メール・キャンペーンの作成と管理は、便利なツールやサービスが出回っているので比較的簡単です。ただ、わかりやすくて一貫性のあるメッセージと説得力のある画像、そして強いCTAが必要です。メールの書式については、オンラインのテンプレートを利用すればいいでしょう。

要件

配信先リスト

メール・キャンペーンを行う前提として、配信先のアドレスがなければなりません。メールの購読者は、以下のような方法で募集できます。

・ソーシャルメディア・キャンペーン
・ウェブサイトのアカウント作成
・コメント入力にログインが必要なブログ
・口コミ
・オンラインフォーラム

キャンペーンのゴール

メール・キャンペーンにはゴールが必要です。ゴールがあいまいだと、キャンペーンが役立っているという確信が得られません。ゴールにはコンバージョンの向上、新規顧客の定着、信頼構築、既存顧客や休眠顧客のリエンゲージメントなどさまざまなものが存在します。メール・キャンペーンを実施するまえに、ゴールを明確にしましょう。

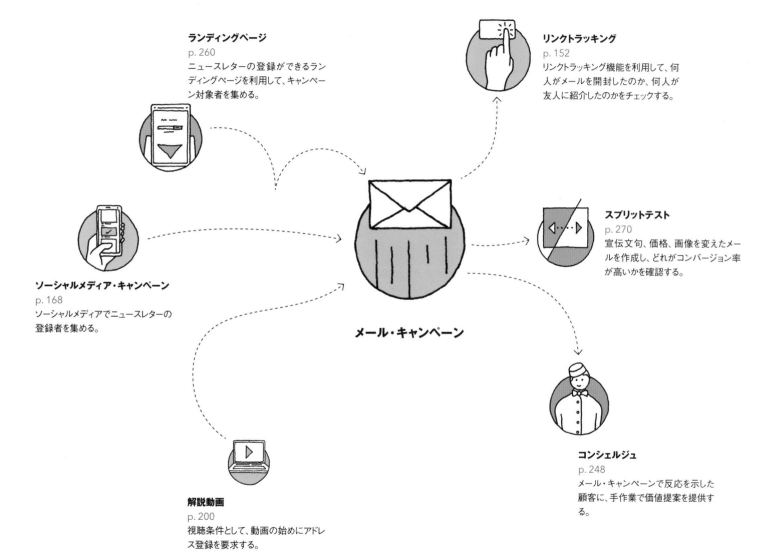

ランディングページ
p. 260
ニュースレターの登録ができるランディングページを利用して、キャンペーン対象者を集める。

リンクトラッキング
p. 152
リンクトラッキング機能を利用して、何人がメールを開封したのか、何人が友人に紹介したのかをチェックする。

ソーシャルメディア・キャンペーン
p. 168
ソーシャルメディアでニュースレターの登録者を集める。

スプリットテスト
p. 270
宣伝文句、価格、画像を変えたメールを作成し、どれがコンバージョン率が高いかを確認する。

メール・キャンペーン

解説動画
p. 200
視聴条件として、動画の始めにアドレス登録を要求する。

コンシェルジュ
p. 248
メール・キャンペーンで反応を示した顧客に、手作業で価値提案を提供する。

メール・キャンペーン

165

興味の発見

メール・キャンペーン
新しい製品の共有、発見、議論
Product Hunt

Product Huntは、ユーザーが新しい製品を共
有・発見することができるウェブサイトです。
2013年の事業開始以来、急成長を遂げ、今では
製品販売のプラットフォームになっています。驚
くべきことですが、Product Huntは「フィルズ・
コーヒー」というコーヒーショップで誕生しまし
た。創業者のライアン・フーバーがフィルズ・コー
ヒーをオフィスとして使い、20分間のメール実
験を行ったのがきっかけでした。

仮説

ライアンが立てた仮説

ライアンは、プロダクトピープル（製品の開発に携わる人々）がネット上で新しい製品や興味ある製品について共有・発見・議論を行うだろうと考えました。

実験

Product Huntの最初のバージョンをメール・キャンペーンとして実施

ライアンは、Makeshift社が開発したリンク共有ツールのLinkydinkにメーリングリストのグループを作成し、メールに製品情報のリンクを載せて毎日配信できるようにしました。そして、起業家仲間の数人に声をかけて参加してもらいました。彼は、Quibb（テクノロジーの話題を中心としたオンライン・コミュニティ）とTwitterでこのメーリングリストを宣伝し、ユーザー登録を促しました。このMVPの作成にかかった時間はたった20分でした。

エビデンス

開封数、クリック数、シェア数

2週間たたないうちに、30人の厳選された製品紹介者（スタートアップの創業者、ベンチャーキャピタリスト、有名ブロガーなどを含む）のメール記事に200人以上の購読者が集まりました。

ライアンのもとには、彼のプロジェクトを支持するコメントが寄せられました。

インサイト

満たされていないニーズが見つかった

キャンペーンの反応の大多数は肯定的でした。ユーザーはメールを介して製品情報を投稿し、リンクを共有しました。ライアンは熱心な起業家やプロダクトピープルのためのネットワークを築き上げました。メーリングリストの参加者たちの活動量から見ても、満たされていないニーズがあったことは明らかでした。

行動

メーリングリストからプラットフォームへ

ライアンは実験で学習したことをもとに、新しいプラットフォームの作成に着手しました。

その後、Product HuntはシードアクセラレーターのYコンビネーター（YC S14）を卒業し、2016年に投資家と起業家をつなぐプラットフォームを運営するエンジェルリストに2,000万ドルで買収されました。今ではProduct Huntは、メーカーやスタートアップが自分たちの新製品を他の起業家やジャーナリスト、投資家、テクノロジー愛好家に紹介する世界的なコミュニティサイトになっています。

顧客発見／興味の発見

ソーシャルメディア・キャンペーン

一定期間にわたって顧客に向けて表示されるソーシャルメディアのメッセージ。

コスト ⊖ ●●○○○	エビデンスの強さ ⚖ ●●●○○	魅力性　実現可能性　存続可能性
準備時間 🕐 ●●●○○	実行時間 ⏱ ●●●○○	長所：新規顧客の獲得、ブランド・ロイヤリティの向上、販売の促進に最適。

スキル　デザイン／マーケティング

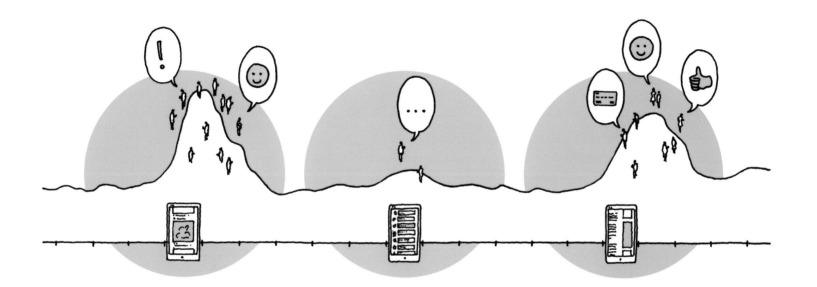

ソーシャルメディア・キャンペーン

興味の発見

準備

☐ キャンペーンの目標を設定する。

☐ キャンペーンに使用するプラット
フォームを決める。

☐ コンテンツカレンダーを作成し、ス
ケジュールを組む。

☐ コンテンツを作成する。

実行

☐ スケジュールに沿って投稿する。

☐ ユーザーの反応をチェックし、投
稿されたコメントに対応する。

分析

☐ どの投稿とプラットフォームが最も
効果があったのかを分析する。

☐ 最もシェアが多かったコンテンツ
はどれか?

☐ 最もクリックが多かったコンテンツ
はどれか?

☐ 最もコメントが多かったコンテンツ
はどれか?

☐ 最もコンバージョンが高かったコ
ンテンツはどれか?

☐ チームで分析結果をまとめ、次の
キャンペーンのためにコンテンツと
プラットフォームの見直しを行う。

コスト

コンテンツの作成から管理まで自分たちで行い、有料のソーシャルメディア広告を使用しないなら、費用はあまりかかりません。しかし、外部に委託する場合は、その分の費用（5,000〜2万ドル／月）がかかります。

準備時間

コンテンツの量にもよりますが、数日から数週間かかります。複数のプラットフォームでキャンペーンを実施する場合は、それだけ多くの時間がかかります。

実行時間

通常、数週間から数カ月かかります。ソーシャルメディアへの投稿、コメント確認、返信の時間が必要になります。また、設定したゴールに対しキャンペーンがどれほど効果を発揮しているかも測定しなければなりません。

エビデンスの強さ

●●○○○

閲覧数
シェア数
コメント数

エンゲージメントとは、投稿に対するユーザーの反応（閲覧、シェア、コメント）のこと。

　エンゲージメント自体はかなり弱いエビデンスですが、ユーザーのコメントから定性的インサイトを得て、価値提案に役立てられます。

●●●○○

クリック数

クリックスルー率は、「投稿のクリック数÷投稿の閲覧数」で求められます。

●●●●○

コンバージョン数

コンバージョン率は、「アカウントを作成または商品を購入した人数÷サイトの訪問者数」で求められます。

　コンバージョン数は強いエビデンスであり、どのプラットフォームが最も効果的かを見極めるのに役立ちます。

スキル

デザイン／マーケティング

ソーシャルメディア・キャンペーンの実施には、マーケティングとデザインに関する豊富なスキルが求められます。マーケティングスキルは複数のプラットフォームにまたがる投稿、対応、管理に必要であり、デザインスキルは投稿されるコンテンツの具体化・視覚化に必要です。

要件

コンテンツ

ソーシャルメディア・キャンペーンは、単にネットで情報を発信すればいいわけではありません。数週間から数カ月にわたる計画的なコンテンツ配信が必要になります。コンテンツが充実していなければ、キャンペーンの成功は望めません。キャンペーンを行うまえに、必ずコンテンツ作成のための計画を立てて、リソースを確保しましょう。

解説動画
p. 200
ソーシャルメディア・キャンペーンで動
画へのアクセスを促す。

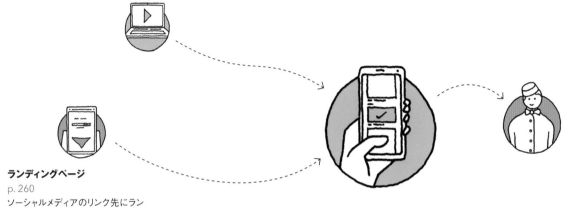

ランディングページ
p. 260
ソーシャルメディアのリンク先にラン
ディングページを利用する。

ソーシャルメディア・キャンペーン

コンシェルジュ
p. 248
コンバージョンした顧客に手作業で
価値を提供する。

ソーシャルメディア・キャンペーン

171

興味の発見

顧客発見／興味の発見

紹介制度

口コミやデジタルコードの配布を通して、製品やサービスを宣伝する方法です。

● ●●●○○
コスト

⚖ ●●●●○
エビデンスの強さ

🕐 ●●○○○
準備時間

⏱ ●●●●●
実行時間

魅力性　実現可能性　存続可能性

長所：事業を無理なく拡大させる方法を検証できる。

スキル　デザイン／プロダクト／マーケティング

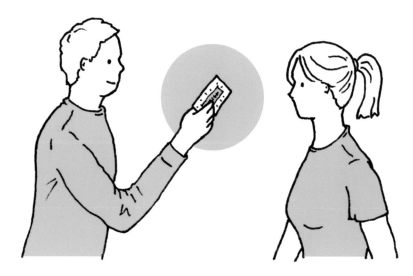

準備

☐ コンバージョンの目標を設定する。

☐ 紹介コードを送るアドボケイト（支持者）を選ぶ。

☐ 独自のコードを作成し、トラッキングできるようにする。

実行

☐ アドボケイトに紹介コードを送る。

☐ 数週間実験を行う。アドボケイトの友人がキャンペーン内容を検討し、リンクをクリックするのを待つ期間である。

分析

☐ アドボケイトのシェア率を計算する。

☐ 友人のクリックスルー率を計算する。

☐ 友人のコンバージョン率を計算する。

☐ 実験前の目標と実際のコンバージョン率を比較する。

☐ 実験結果をもとに、紹介制度を改善し、スプリットテストを行う。

コスト

比較的低いです。アドボケイトには友人に紹介する
インセンティブが必要であり、アドボケイトとその友
人の両方に値引きなどの特典を提供する費用がか
かります。低価格のソフトで、紹介制度を管理し、
効果を分析することができます。

準備時間

短いです。紹介コードを作成し、どのアドボケイトに
送るかを決めます。

実行時間

長いです。アドボケイトが友人にキャンペーンを紹介
し、その友人が行動するのを待つ期間として、数週
間から数カ月必要になります。

⚖ ●●●●○

エビデンスの強さ

●●●●○

アドボケイトの数
アドボケイトのシェア数

アドボケイトとは、紹介コードを送る顧客のことです。
シェア数とは、友人に紹介コードを伝えたアドボケイ
トの人数です。

　アドボケイト・シェア率は、「友人に紹介コードを伝
えたアドボケイトの数÷紹介コードを受け取ったアド
ボケイトの数」で求められます。15〜20％が目標で
す。

　アドボケイトが紹介制度に参加し、コードを友人
に伝えることは、商品を勧めることと同じ意味なので、
かなり強いエビデンスです。

●●●●○

友人の数
友人のクリック数
友人のコンバージョン数

友人とは、アドボケイトから紹介コードを受け取っ
た人のことです。

　友人のクリックスルー率は、「コードをクリックした
人数÷コードを受け取った人数」で求められます。
割合はチャネルによって異なるものの、50〜80％
が目標です。

　友人のコンバージョン率は、「アカウントを作成ま
たは商品を購入した人数÷コードをクリックした人数」
で求められます。5〜15％が目標です。

　紹介コードを使ってコンバージョンした友人は、強
いエビデンスになります。ただし、彼らは紹介制度
のインセンティブによって行動しているので、顧客と
して残留するかどうかを観察しなければなりません。

✂ ⬡ ⣿ ⚒ 🗄 ✎ 📢 🔍 ◔

スキル

デザイン／プロダクト／マーケティング

紹介制度で欠かせないのが、プロダクトとマーケティ
ングのスキルです。アドボケイトには紹介制度の理
由とメリットを明確に伝えなければなりません。紹介
制度用のメール、ソーシャルメディアの投稿、ランディ
ングページを作成する場合は、デザインスキルが必
要になります。

要件

熱心なアドボケイト

顧客が製品を気に入り、熱心なファンになるまでに
時間がかかります。したがって、手当たり次第に紹
介コードを送るのではなく、製品を積極的に紹介して
くれそうな顧客を見つけて、コードを送りましょう。

リンクトラッキング
p. 152
リンクトラッキング機能を利用して、ど
のアドボケイトが最も積極的に紹介
を行っているかを検証する。

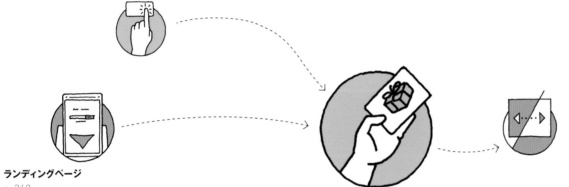

ランディングページ
p. 260
ランディングページで紹介制度の需
要を検証する。

スプリットテスト
p. 270
コードの配布手段や特典内容を変え
て、コンバージョンの違いを検証す
る。

紹介制度

メール・キャンペーン
p. 162
メールでアドボケイトに紹介コードを
配布する。

ソーシャルメディア・キャンペーン
p. 168
ソーシャルメディアで紹介コードを拡
散する。

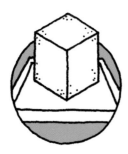

顧客発見／議論のためのプロトタイプ

3D プリント

3Dプリンターを使って物理的な立体モデルを作成します。

コスト　●●●○○

エビデンスの強さ　●●○○○○

準備時間　●●●○○

実行時間　●●●○○

魅力性　実現可能性　存続可能性

長所：物理的なソリューションを素早く繰り返し検証できる。

スキル　デザイン／テクノロジー

準備

☐ これまでの実験で集めた忠実度の低いエビデンスを立体モデルの参考にする。

☐ 3Dモデリングソフトで立体モデルを作成する。

☐ 3Dプリンターで立体モデルを出力する。

☐ インタビューに応じてくれる顧客を見つけ、予定を決める。

実行

☐ 立体モデルを顧客に見せる。

☐ チームの1人がインタビューを行う。

☐ 別のメンバーが顧客の発言、ジョブ、ペイン、ゲイン、身振りをメモする。

☐ 別の実験を行う際に協力してもらえるかどうかを確認し、インタビューを終わりにする。

分析

☐ チームでインタビューのメモを振り返る。

☐ 学習したことをもとにバリュー・プロポジション・キャンバスを更新する。

☐ 立体モデルを改良し、次の実験に使用する。

3Dプリント

議論のためのプロトタイプ

 ●●●●○○

コスト

小型でシンプルな立体モデルを作成する場合は、費用はあまりかかりません。モデルのサイズや複雑さに応じて、費用が高くなります。

 ●●●○○

準備時間

立体モデルの内容やプリンターが身近にあるかどうかによって、数日から数週間かかります。

🕐 ●●●○○

実行時間

比較的短いです。顧客に立体モデルをじっくり使ってもらい、価値提案が顧客のジョブ、ペイン、ゲインにフィットするかどうかを確認しなければなりません。

⚖ ●●○○○○

エビデンスの強さ

●●○○○

顧客のジョブ
顧客のペイン
顧客のゲイン

顧客のジョブ、ペイン、ゲイン、および立体モデルがそれらの解決策になるかどうかです。

　立体モデルが実生活で役立つかどうかは顧客の想像によっているため、比較的弱いエビデンスです。

●○○○○

顧客のフィードバック
顧客の発言

ジョブ、ペイン、ゲインだけに限らず、顧客のさまざまな発言をメモします。

　顧客の発言は比較的弱いエビデンスですが、次に行う実験に活かせる背景情報や定性的インサイトを得るのに役立ちます。

スキル

デザイン／テクノロジー

モデリングソフトと3Dプリンターが使える必要があります。デザインスキルがないと、ソフトによっては慣れるまでに時間がかかるでしょう。そのような場合は、専門家の力を借りましょう。3Dプリンターを急いで購入する必要はありません。スタジオや専門店でレンタルできたりします。

要件

立体モデルのスケッチ

3Dプリントの前段階として、ペーパープロトタイプなど忠実度が低い実験を行って、顧客の感想を聞くべきです。そうしたフィードバックをデザインやソリューションに活かします。なお、それらの実験で得られた顧客の要望をすべて立体モデルの作成に取り入れる必要はありません。

ペーパープロトタイプ

p. 182

ソリューションを紙にスケッチし、顧客
から意見をもらう。顧客の意見を立体
モデルの作成に取り入れる。

ストーリーボード

p. 186

顧客の意見をもとに、ソリューション
のシナリオをスケッチする。

実物大のプロトタイプ

p. 254

実験結果をより忠実度が高い実験
に取り入れる。

持ち主ごっこ

p. 208

ダンボールや木材で作ったプロトタイ
プを立体モデルの参考にする。

3D プリント

顧客へのインタビュー

p. 106

顧客に立体モデルを使ってもらいな
がらインタビューし、顧客のジョブ、ペ
イン、ゲインを理解する。

**パートナーとサプライヤーへの
インタビュー**

p. 114

パートナーとサプライヤーにインタ
ビューをして、製品の実現可能性に
ついて意見をもらう。

顧客発見

実験

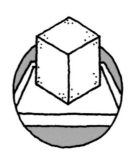

3Dプリント

キューブサットと3Dプリント
NSA（アメリカ国家安全保障局）

暗号術（暗号を作成・解読する技術）の世界的なリーダーであるNSAは、さまざまな国家機密を保護する活動をしています。たとえそれが宇宙空間にあったとしても。「人工衛星」と聞いて大抵の人が思い浮かべるのは、重さ数トンのバス車両くらいの物体が数年かけて地球の周りを回っているところでしょう。ちなみに、この規模の人工衛星の製作費は数億ドルもします。

一方、キューブサットは新しいタイプの人工衛星であり、サイズは10cm x 10cm x 11.35cm、重さは２キロ未満です。部品には市販の既製品が使われています。NSAサイバーセキュリティ・ソリューション・グループのイノベーション部隊（I-Corps）は、キューブサットと地上の通信を保護するための新型の暗号装置の開発を考えていました。彼らのソリューションは、従来の人工衛星用に設計された暗号装置と比較して、非常に小さくて軽く、消費電力が少なく、コストを大幅に節約できるというメリットがありました。

仮説
I-Corpsチームが立てた仮説
暗号装置の開発に早くとりかかりたいという衝動を抑え、「ビルの外へ出る」（Get Out of the Building=GOOB）ことで製品の魅力性を実証しようとしました。外部顧客の需要を確かめ、そのエビデンスをもとに新しいソリューションの必要性を理解できない内部の主なステークホルダーを説得しようとしたのです。大きな需要があることがわかれば、彼らはプロジェクトを承認し、予算を確保してくれると考えたのです。

実験
チームはステークホルダーに素早く、はっきりと新しいソリューションの必要性を理解させる計画を練りました。何度目かの失敗のあと、チームと彼らのコーチは3Dプリンターでキューブサットの実物大の模型を作れば、説明しやすいのではないかと考えました。実際にできあがったのは、その翌日でした。

エビデンス
ステークホルダーは、既存の暗号装置がキューブサットに合わないため、新しいソリューションが必要であることをすぐに理解しました。

行動
チームは必要なリソースを与えられ、暗号装置の開発に着手しました。そして実際に、軌道上で実験されることになりました。

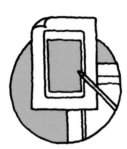

顧客発見／議論のためのプロトタイプ

ペーパープロトタイプ

紙にソフトウェアのインターフェースを描き、手動で動かして、顧客の操作に対するソフトの
反応を表します。

コスト ● ○ ○ ○ ○	エビデンスの強さ ● ○ ○ ○ ○
準備時間 ● ● ○ ○ ○	実行時間 ● ● ○ ○ ○

魅力性　実現可能性　存続可能性

長所：顧客の協力を得て、プロダクトのコンセプトを素早く検証できる。

短所：実際のユーザビリティ（使い勝手）を評価することはできない。

スキル　デザイン／リサーチ

準備

☐ 実験のゴールを設定する。

☐ ターゲット層を決める。このプロダクトに興味があり関連したバックグラウンドを持つ人が望ましい。

☐ 台本を書く。

☐ ペーパープロトタイプをスケッチする。

☐ 実験フローを社内で検証する。

☐ 実験のスケジュールを立てる。

実行

☐ 実現しようとしているソリューションの感想がほしいということを参加者に伝える。こちらが顧客の意見を大事にしていることを理解してもらう。

☐ チームの1人がインタビューと意見交換を行う。

☐ 別のメンバーがメモを取る。

☐ 協力に感謝して、実験を終わりにする。

分析

☐ ペーパープロトタイプを壁に貼り、その周囲にインタビュー中のメモ、観察したこと、顧客の発言を貼る。

☐ 顧客が戸惑ったのはどの部分か?

☐ 顧客が強い関心を示したのはどの部分か?

☐ 分析結果をより忠実度の高い実験に利用する。

ペーパープロトタイプ

183

議論のためのプロトタイプ

コスト

紙にソリューションをスケッチし、操作をシミュレートするだけなので、費用はかかりません。お金をかけるのは、この実験の趣旨に反します。ただし、ステンシル（型紙）や専用のアプリを使用する場合は、追加費用がかかります。

準備時間

プロトタイプの作成に数時間から数日かかります。実験の協力者を見つけるほうに時間がかかるでしょう。

実行時間

数日から1週間かかります。価値提案やソリューションのフローについて意見を得るために素早く実験を実行したほうがいいでしょう。

エビデンスの強さ

●○○○○

タスク完了
タスク完了率
タスク完了時間
手作業による操作のシミュレートなので強いエビデンスではないですが、顧客が困った箇所がわかります。

●○○○○

顧客のフィードバック
価値提案と想定されるソリューションの有用性に関する顧客の感想。

　ペーパープロトタイプについての顧客の意見は比較的弱いエビデンスですが、実験結果をより忠実度の高い実験に利用できます。

スキル

デザイン／リサーチ

ペーパープロトタイプ実験では、想像力だけでなく、プロダクトをスケッチする、わかりやすい台本を書く、インタビューをまとめるといったスキルも必要です。

要件

想定されるプロダクト

ペーパープロトタイプ実験を行うには、想像力と創造力の両方が必要であり、プロダクトのフローをスケッチして、顧客のインタラクションを再現することもできなければなりません。見込み顧客に作品を見せるまえに、顧客体験についてじっくり考えましょう。

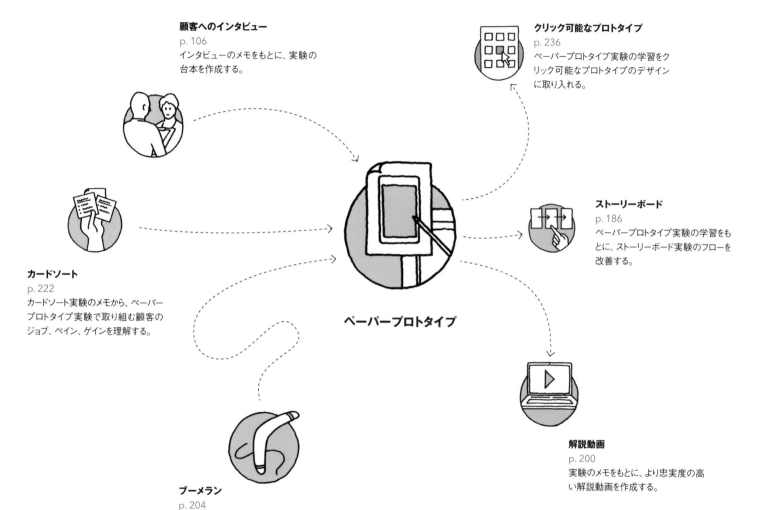

顧客へのインタビュー
p. 106
インタビューのメモをもとに、実験の
台本を作成する。

クリック可能なプロトタイプ
p. 236
ペーパープロトタイプ実験の学習をク
リック可能なプロトタイプのデザイン
に取り入れる。

カードソート
p. 222
カードソート実験のメモから、ペーパー
プロトタイプ実験で取り組む顧客の
ジョブ、ペイン、ゲインを理解する。

ペーパープロトタイプ

ストーリーボード
p. 186
ペーパープロトタイプ実験の学習をも
とに、ストーリーボード実験のフローを
改善する。

ブーメラン
p. 204
ブーメラン実験のメモをもとに、満たさ
れていないニーズへの取り組み方を
方向付ける。

解説動画
p. 200
実験のメモをもとに、より忠実度の高
い解説動画を作成する。

顧客発見／議論のためのプロトタイプ

ストーリーボード

製品の双方的な体験を視覚化するためにイラストの説明図を順番に並べます。

⬭ ●●○○○
コスト

⚖ ●●○○○
エビデンスの強さ

🕐 ●●○○○
準備時間

⏱ ●○○○○
実行時間

魅力性　実現可能性　存続可能性

長所：さまざまなパターンの価値提案やソリューションについて意見を出し合う場合に最適。

✂️ 🧊 ⋮⋮⋮ ⚒ 🗄 ✒ 📣 🔍 📊
スキル　デザイン／リサーチ

準備

☐ 紙、ポスター用紙、マーカー、付箋を用意する。

☐ 壁やテーブルが使える部屋を予約する。

☐ 顧客セグメントと全体的な価値提案を決める。

☐ チームメンバーを招き、対話型セッションの予定を立てる。

実行

☐ チームメンバーに8〜12パターンの価値提案の代替案を出してもらう。

☐ 顧客がどのようにそれらの価値提案を体験するかをポスター用紙のストーリーボードにスケッチする。

☐ 各シナリオに対する顧客の意見や、ジョブ、ペイン、ゲインをメモする。

☐ イラストレーターが各シナリオの顧客体験を1枚の絵にする。

分析

☐ チームでメモを振り返る。

☐ 学習したことをもとに既存のバリュー・プロポジション・キャンバスを更新するか、新しいバリュー・プロポジション・キャンバスを作る。

☐ スケッチを顧客へのインタビューに利用する。

コスト

あまりかかりません。メンバーが直接顔を合わせて実験を行う場合は、広い壁、マーカー、ポスター用紙が必要になります。ネットを介して実験を行う場合は、無料か安い使用料で使えるバーチャル・ホワイトボードが必要になります。

準備時間

あまりかかりません。消耗品を用意し、顧客を募集します。

実行時間

数時間程度かかります。顧客と協力してバリュー・プロポジションとシナリオをイラストにします。

エビデンスの強さ

●●○○○

顧客のジョブ
顧客のペイン
顧客のゲイン
顧客がさまざまな価値提案を体験する様子を表したイラスト。

　顧客のジョブ、ペイン、ゲインのトップ3。
　顧客のジョブ、ペイン、ゲインのテーマ。
　ラボ環境で作成したイラストであるため、エビデンスとしては比較的弱いです。しかし、行動にフォーカスしたより忠実度の高い実験の材料になります。

●●○○○

顧客のフィードバック
顧客の発言
ジョブ、ペイン、ゲインに限らず、さまざまな顧客の発言をメモします。

　顧客の意見は比較的弱いエビデンスですが、今後行う実験に活かせる背景情報や定性的インサイトを得るのに役立ちます。

スキル

デザイン／リサーチ
実験自体は誰でも行えますが、デザイン能力やリサーチ能力があれば役立つでしょう。

要件

顧客セグメント
ストーリーボード実験は、すでにターゲット顧客のイメージが決まっている場合に最も効果的です。この実験は、さまざまな双方向体験の視覚化を容易に行えますが、ターゲット顧客のイメージがぼやけていると、有効なインサイトが得られないでしょう。

プロダクトボックス
p. 214
セッションの方針を決めるため、プロ
ダクトボックス実験から得られた結果
を利用する。

ペーパープロトタイプ
p. 182
ストーリーボード実験の意見をペー
パープロトタイプのデザインに取り入
れる。

ブーメラン
p. 204
ブーメラン実験のメモをセッションの
内容に活かす。

ストーリーボード

解説動画
p. 200
ストーリーボードのイラストを動画にし
て顧客の反応を確かめる。

ソーシャルメディア・キャンペーン
p. 168
ソーシャルメディアを使用して、セッ
ションの参加者を募集する。

顧客へのインタビュー
p. 106
インタビューでストーリーボードのイラス
トを利用する。

ストーリーボード

189

議論のためのプロトタイプ

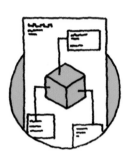

顧客発見／議論のためのプロトタイプ

データシート

価値提案の仕様を1枚の紙、あるいは1ページのデジタル文書にまとめたもの。

⬤●○○○○	⚖ ●●●○○
コスト	エビデンスの強さ

🕐 ●○○○○	⏱ ●○○○○
準備時間	実行時間

スキル　デザイン／マーケティング

🔳 ✉◐

魅力性　実現可能性　存続可能性

長所：製品の仕様を1枚の紙にまとめ、顧客やキーパートナーとの検証に利用できる。

準備

☐ 価値提案とソリューションの仕様を定義する。

☐ データシートを作成する。

☐ 顧客とキーパートナーの中から参加者を募集し、インタビューのスケジュールを組む。

実行

☐ データシートを参加者に見せる。

☐ チームメンバーの1人がインタビューを行う。

☐ 別のメンバーが顧客の発言、ジョブ、ゲイン、ペイン、身振りをメモする。

☐ プロトタイプの実験を行う場合や購入機会を提供する場合に協力してもらえるかどうかを確認し、インタビューを終わりにする。

分析

☐ チームでメモを振り返る。

☐ 学習したことをもとにバリュー・プロポジション・キャンバスを更新する。

☐ より忠実度の高い実験を行う際に役立てる。

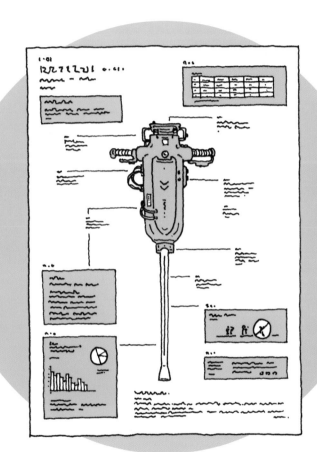

キャンバスとの関係

☐ バリューマップに書いてある価値提案をデータシートの題名にする。

☐ バリューマップに書いてある製品とサービスをデータシートに記載する。

☐ イラストや説明文を加えて、製品とサービスを詳しく説明する。

☐ バリューマップに書いてあるゲインクリエーターのトップ3をデータシートに記載する。

☐ バリューマップに書いてあるペインリリーバーのトップ3をデータシートに記載する。

191

コスト

費用はほとんどかかりません。紙のデータシートであれば、文書作成のためにワープロソフトやオフィスソフトが必要になります。デジタル的なデータシートであれば、ウェブページやメールに仕様を表示するためのソフトが必要になります。

準備時間

データシートの準備と作成には、数時間から1日かかります。準備時間には、仕様の情報を集めたり、体裁を整えたりする時間も含まれます。データシートを対面で人に見せる場合は、顧客やキーパートナーを募集する必要があります。

実行時間

顧客やキーパートナーに直接データシートを見せる場合は、1人につき15分程度かかります。

エビデンスの強さ

顧客のフィードバック
キーパートナーのフィードバック
データシートについての顧客とキーパートナーの感想。

　フィードバックは弱いエビデンスですが、定性的インサイトを得るには有効です。

スキル

デザイン／リサーチ
データシートの作成には、価値提案や技術的仕様を効果的に伝えるための基礎的なデザインスキルが求められます。また、顧客やキーパートナーを集めることも必要です。

要件

データシートには、仕様や具体的な価値提案を記載しなければなりません。作成前に、製品の機能やベネフィットについてしっかり考えましょう。また、協力を求める顧客やキーパートナーのイメージも大切です。

プロダクトボックス
p. 214
見込み顧客に対して行ったプロダクト
ボックス実験の結果をデータシートに
取り入れる。

3Dプリント
p. 176
データシート実験の学習をもとに、立
体モデルを作成する。

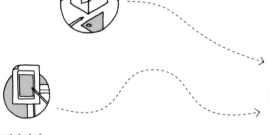

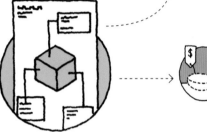

先行販売
p. 274
データシート実験で興味を示した参
加者に対して、先行販売を行う。

ペーパープロトタイプ
p. 182
ペーパープロトタイプ実験の感想をも
とに、データシートを作成する。

データシート

顧客へのインタビュー
p. 106
データシートを顧客に見せて、ジョブ、
ペイン、ゲインの解決策について意
見を聞く。

**パートナーとサプライヤーへの
インタビュー**
p. 114
キーパートナーとサプライヤーにインタ
ビューを行い、データシートの実現可
能性について意見を聞く。

ランディングページ
p. 260
ソリューションの詳細な仕様を伝える
ため、ランディングページにデータシー
トの内容を記載する。

顧客発見／議論のためのプロトタイプ

パンフレット

紙のパンフレットを作り、想定される価値提案を紹介します。

コスト ●●○○○

エビデンスの強さ ●●●○○

準備時間 ●●●○○

実行時間 ●●○○○

魅力性　実現可能性　存続可能性

長所：オンラインでは発見できない顧客に対して、対面で価値提案を検証で
きる。

スキル　デザイン／マーケティング／リサーチ

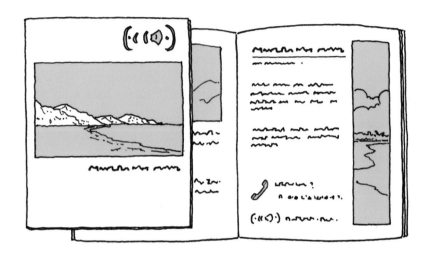

準備

☐ バリュー・プロポジション・キャンバスとの関係を参考に、パンフレットをデザインする。

☐ ターゲット顧客を探す場所を決める。

実行

☐ 顧客にパンフレットを見せる。

☐ チームの1人がインタビューを行う。

☐ 別のメンバーが、顧客の発言、ジョブ、ペイン、ゲイン、身振りをメモする。

☐ パンフレットを見た回数と受け取った回数をカウントする。

☐ 商品についてもっと知りたい、あるいは購入したい場合は、パンフレットに記載の連絡先にアクセスしてほしいと言ってインタビューを終わりにする。

分析

☐ インタビューのメモをチームで振り返る。

☐ 学習したことをもとにバリュー・プロポジション・キャンバスを更新する。

☐ 何人がパンフレットを見て連絡してきたのかを記録する。

☐ 学習したことをより忠実度が高い実験に取り入れる。

キャンバスとの関係

☐ 価値提案はバリューマップから得る。

☐ ソリューションはバリューマップの製品とサービスから得る。価値提案の下にソリューションを記載する。これにより、顧客はこちらがソリューションをどのように提供するつもりなのかを理解する。

☐ ペインは顧客プロフィールから得る。キャンバスから上位3件のペインを選び、パンフレットに記載する。

コスト

基礎的なデザインスキルとワープロソフトがあれば、パンフレットの費用はあまりかかりません。広告代理店やデザイナーに外注する場合は、費用が増加します。

準備時間

スキルがあれば、1〜2日でパンフレットが完成します。実験の準備には、仮説の定義、バリュー・プロポジション・キャンバスからの情報の抽出、コンテンツの記述、グラフィックスの挿入などの作業が含まれます。スキルがない場合は、1〜2週間かかるでしょう。

実行時間

パンフレットを使った実験は、一般的に15分程度と短いです。パンフレットをもとに街頭、カフェ、カンファレンスなどでインタビューをするのもいいでしょう。

エビデンスの強さ

パンフレット閲覧数
受け取ってもらえたパンフレットの枚数
インタビューの回数
連絡をくれた人数
メールのコンバージョン率
電話のコンバージョン率

コンバージョン率は、「パンフレットを見て行動した人の数÷パンフレットを受け取った人の数」で求められます。

コンバージョン率は業種やセグメントによって異なりますが、非常に特殊なセグメントをターゲットにする場合は、15%以上を目指しましょう。

顧客がパンフレットを見て連絡をくれた場合は、アイデアの方向性が間違っていないことを示すサインです。CTAのあるパンフレットは、パンフレットを家に持ち帰る、パンフレットに目を通す、電話またはメールで価値提案についての詳しい情報を聞き出すといった行動が顧客側に求められるため、ランディングページでアカウント作成するよりも強いエビデンスです。

スキル

デザイン／マーケティング／リサーチ

高品質な画像やスタイルを使い、魅力的なパンフレットを作成するにはデザインスキルが必要です。そのようなパンフレットが作成できない場合は、本当にその価値提案が届けられると顧客に信じてもらえない可能性があります。その他の重要な点としては、宣伝文句とコンテンツが挙げられます。顧客の共感が得られるよう、簡潔で正確な文章を書くことを心がけましょう。

要件
取得計画

パンフレットは顧客に直接会って配布するという点で、オンラインのデジタル実験と異なります。実験を成功させるには、パンフレットを完成させるまえに、この実験で何を得ようとしているのか、どこで顧客を見つけるのかを明確にしておかなければなりません。パンフレットの配布場所としては、以下のような場所が挙げられます。

・カンファレンス
・オフ会
・イベント
・カフェ
・商店
・戸別訪問

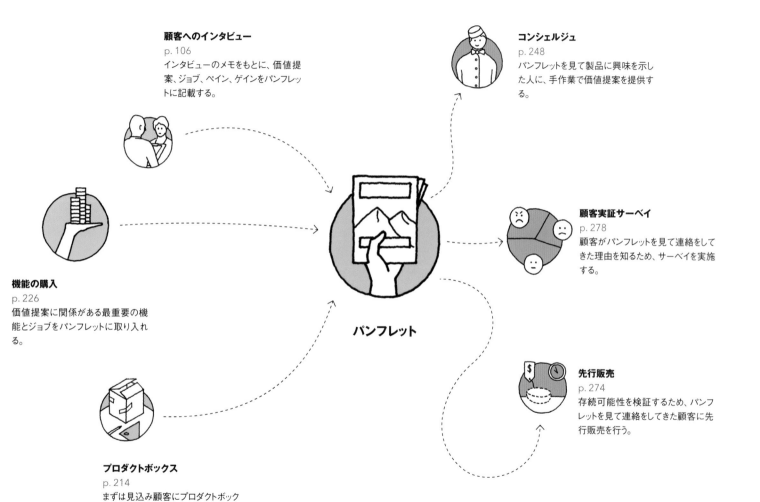

顧客へのインタビュー

p. 106

インタビューのメモをもとに、価値提案、ジョブ、ペイン、ゲインをパンフレットに記載する。

コンシェルジュ

p. 248

パンフレットを見て製品に興味を示した人に、手作業で価値提案を提供する。

機能の購入

p. 226

価値提案に関係がある最重要の機能とジョブをパンフレットに取り入れる。

パンフレット

顧客実証サーベイ

p. 278

顧客がパンフレットを見て連絡をしてきた理由を知るため、サーベイを実施する。

先行販売

p. 274

存続可能性を検証するため、パンフレットを見て連絡をしてきた顧客に先行販売を行う。

プロダクトボックス

p. 214

まずは見込み顧客にプロダクトボックス実験を行い、その結果をパンフレットに掲載する価値提案に取り入れる。

パンフレット
新しいタイプの保険
農場・牧場保険

アメリカンファミリーは、損害保険、災害保険、
自動車保険を主力商品にしている民間の相
互保険会社です。保険会社であるから、彼らは当
然リスクについて熟知しており、誰も契約したが
らない複雑な商品を開発したくはありません。そ
のような中で、同社の農場・牧場チームは新しい
保険商品の開発を模索しました。

農場・牧場チームは以前、FacebookやGoogle に広告を掲載してランディングページへのアクセスを促していました。しかし、オンラインで農場経営者をターゲットにするのは難しく、十分な定性的インサイトが得られなかったので、アナログ的手法に切り替える決断をしました。

仮説
農場・牧場チームが立てた仮説
農場経営者は、金融・保険リスクに対応した新しい形の商品を求めていると考えました。

実験
パンフレットを作成する
チームはミズーリ州で農業見本市に出向き、価値提案とソリューションがはっきりわかるパンフレットを配布しました。パンフレットには、詳細情報を知りたい場合の連絡先（チームの電話番号とメールアドレス）を記載しました。

　ターゲットは中小の酪農家とトウモロコシ農家でした。

　チームはターゲットの20%がメールまたは電話で連絡をするだろうと予想しました。

エビデンス
パンフレットによるコンバージョン
パンフレットを受け取った顧客のうち15%から連絡がありました。

　顧客に対面で商品内容を説明し、反応を観察することで定性的学習ができました。

インサイト
より強力な価値提案を行うには、農場経営者を分野ごとに分割することが必要
パンフレットに対する反応と会話のトーンから、酪農家のペインはトウモロコシ農家より大きいことがわかりました。

　農場経営者は銀行でローンを組むか信用枠の融資を受けることで問題を解決しようとしていましたが、リスクが高いと感じていました。

　農場経営者を対象にしているいくつかの銀行・信用組合はチームの取り組みに興味を示していました。彼らは組合をチャネルとして使えるかを調査しました。

行動
ターゲットを酪農家に絞る
チームは酪農家に特化した価値提案に改良しました。そして、パンフレット実験を再度行い、より決定的な実証シグナルが得られるかを検証しました。

顧客発見／議論のためのプロトタイプ

解説動画

ビジネスアイデアをシンプルかつ魅力的で説得力のある形で伝える短い動画を作ります。

●●●○○ コスト	⚖ ●●●○○○ エビデンスの強さ
🕐 ●●●○○ 準備時間	⏱ ●●●●○ 実行時間

🎞 ◨ ◔
魅力性　実現可能性　存続可能性

長所：大勢の顧客に対して価値提案を短時間で説明できる。

✂ ◧ ⬡ ◇ 🗄 🏷 📣 🔍 🥧
スキル　デザイン／プロダクト／テクノロジー

準備

☐ 動画の台本を書く。

☐ バリュー・プロポジション・キャンバスの関係性を台本と映像に取り入れる。

☐ 動画を作成する。

☐ 動画をランディングページ、ソーシャルメディア、メールに埋め込んだり、動画サイトにアップロードしたりする。

☐ 動画のアナリティクスやCTAのリンクが機能するかを検証する。

実行

☐ 動画を公開する。

☐ 動画へのアクセスを促す。

☐ コメントを有効にしている場合は、視聴者の質問に回答する。

分析

☐ 動画の視聴数とシェア数はどのくらいか?

☐ クリックスルー率はどのくらいか?

☐ 動画のリンクからサイトを訪れた人はコンバージョンしているか?

☐ 実験結果をもとに動画を修正する。ターゲット顧客とプラットフォームによって動画のバージョンが異なるのはよくあること。

キャンバスとの関係

☐ 顧客プロフィールの最上位のペインで動画を始める。

☐ バリューマップのペインリリーバー（ペインの解決策）を紹介する。

☐ ペインの解消により得られる恩恵、すなわち顧客プロフィールのゲインを解説する。

☐ 魅力性を評価するため、CTAのリンクで動画を締めくくる。

コスト

比較的安くすみますが、高品質な動画を求めるなら、それだけ制作費がかかります。十分なレベルのものが作れる色々な動画ソフトが存在しますが、他とは一線を画すものを作りたいなら、プロの動画制作者の協力を得るのもいいでしょう。動画へのアクセスを促す手段も費用の一部として考えなければなりません。

準備時間

数日から数週間かかります。価値提案を明確に伝える方法をしっかり考え、台本作りや撮影、編集に時間をかけます。

実行時間

動画がバイラル化しない限り、数週間から数カ月かかります。バイラル化すれば注目されますが、一握りの動画に限られています。多くの場合、有料広告やソーシャルメディアを使って、動画へのアクセスを促す努力が必要です。

エビデンスの強さ

●●○○○

ユニーク閲覧数

獲得したユニーク閲覧数と、それがどこから誘導されたユーザーなのか。

シェア数

動画がどのプラットフォームでどれだけ共有されたか。
閲覧数とシェア数は、比較的弱いエビデンスです。

●●●○○

クリック数

クリックスルー率は、「動画のクリック数÷動画の閲覧数」で求められます。
クリック数は製品についてもっと知りたいという関心の表れであり、閲覧数やシェア数より強いエビデンスです。

●●○○○

コメント

製品の可用性、価格、機能に関する視聴者のコメント。
コメントは比較的弱いエビデンスですが、定性的インサイトが得られることがあります。

スキル

デザイン／プロダクト／テクノロジー

説得力のある動画を作成してターゲット顧客に視聴してもらうには、台本作りの能力や編集力、プロモーション力が求められます。また、解説動画には視聴者がもっと詳しく知るためにクリックしたくなるCTAが必要です。CTAは通常、動画の最後に表示されます。

要件

トラフィック

動画の投稿サイトであれ、ランディングページであれ、解説動画でエビデンスを得るには、トラフィックが必要になります。動画へのアクセスを促す方法には、以下のようなものがあります。

・オンライン広告
・ソーシャルメディア・キャンペーン
・メール・キャンペーン
・既存のトラフィックのリダイレクト
・口コミ
・オンラインフォーラム

データシート

p. 190

製品の性能や仕様を説明するデータ
シートを作成する。

メール・キャンペーン

p. 162

アカウント作成した視聴者に動画を
気に入った理由を聞く。

ストーリーボード

p. 186

イラストを使ってイベントの順序のさま
ざまなパターンを検証し、その結果を
解説動画に活用する。

解説動画

持ち主ごっこ

p. 208

機能しないプロトタイプを作成し、実
生活におけるソリューションの有効性
を検証する。

カードソート

p. 222

カードソート実験を行い、どのような順
番で顧客のニーズを解決すべきかを
理解する。

ランディングページ

p. 260

解説動画の最後に表示されるCTA
のリンク先のランディングページを作
成する。

顧客発見／議論のためのプロトタイプ

ブーメラン

価値提案のインサイトを収集するために、競合の製品で顧客検証を行います。

⬤●●○○○
コスト

⚖ ●●●○○
エビデンスの強さ

🕐 ●●○○○
準備時間

⏱ ●●○○○
実行時間

▦ ⬟ ◉
魅力性　実現可能性　存続可能性

長所：何も作ることなく、すでに存在する市場における見込み顧客の不満を発見できる。

短所：競合製品のブランド名を外し、自社の製品であるかのように実験することは、法的または倫理的な問題が発生する恐れがある。

✂ ◳ ⚛ ⚒ 🗄 🖌 📢 🔍 📊
スキル　プロダクト／マーケティング／リサーチ

準備

- ☐ 実験で使う競合製品を決める。自分のアイデアと関係があり、満たされていないニーズがなければならない。
- ☐ 顧客検証の台本を作成する。
- ☐ 製品を試用し、その様子を録画されることに同意してもらえる参加者を募集する。
- ☐ 実験のスケジュールを立てる。
- ☐ 実験の場所を用意する。

実行

- ☐ 台本を共有し、実験の目的を説明する。
- ☐ セッションを録画し、顧客の発言——どこで困ったか、タスク完了までどのくらい時間がかかったかなど——をメモする。
- ☐ 参加者に礼を言い、実験を終わりにする。

分析

- ☐ チームでメモを振り返る。
  - ・どのタスクが未完了か？ 一番時間がかかったタスクはどれか？ 最もフラストレーションの原因になったタスクはどれか？
- ☐ 競合製品のバリュー・プロポジション・キャンバスを作成し、製品が提供する価値と顧客のニーズのギャップを明らかにする。
- ☐ 学習したことを別の実験に利用する。

競合製品をリブランドする危険性

私たちはブーメラン実験やそのバリエーション（「インポスター・ジュード」と呼ばれる）を長いあいだ観察してきました。この実験は、やり方によって大きく異なるものですが、競合製品を自社の顧客検証プロセスのためにリブランドするのはリスクが高すぎるという結論に至りました。

ブーメラン系の実験には、競合製品のクローンを作り、ブランド名を外し、自社ブランドまたは架空のブランドの名前をつけるという行為が含まれます。

これは、法的あるいは倫理的に問題がある場合があり、私たちはお勧めしていません。世間に広く認知されている大企業や、規制の厳しい業界ではなおさらです。

興味深いことに、私たちは大企業とスタートアップの両方が、満たされていないニーズについてヒントを得るために、ブランド名を残した形でブーメラン実験を行っているのを目撃しました。大企業は有望なスタートアップの製品で実験を行い、スタートアップは定評のある大企業の製品で実験を行っていたのです。

ブーメラン

議論のためのプロトタイプ

コスト

ブーメラン実験は、自社では何も作成しないのでコストはかかりません。必要な費用はどれも、顧客の募集とセッションの録画に関係するものです。

準備時間

準備時間は短いです。スケジュールを組み、参加者を募集するだけです。

実行時間

実行時間は短いです。1回のセッションに30分以上かけないこと。複数回のセッションを予定していても、数日で実験全体を終わらせます。

⚖ ●●●○○
エビデンスの強さ

●●●○○

タスク完了
タスク完了時間
タスク完了率は、「完了したタスク÷着手したタスク」で求められます。タスク完了時間は、タスク完了までの平均時間。

提供されている価値提案と一般的な顧客が本当に必要としているもののギャップがわかります。

既存製品でタスク完了率を測定すれば、その製品における実際の顧客行動を観察することになるため、比較的強いエビデンスです。

●○○○○○

顧客のフィードバック
製品の使いやすさや満たされていないニーズに関する顧客の発言。

顧客が製品に期待することと実際の製品のギャップを見つけます。

顧客のフィードバックは比較的弱いエビデンスですが、より深く調査すべき製品の不満点を特定するのに役に立ちます。

✂🔲⚙⚒🗄🖊◁🔍◕
スキル
プロダクト／マーケティング／リサーチ

ブーメラン実験を行うには、適切な製品の選定、台本の作成、顧客の募集、セッションの録画、結果のまとめができなければなりません。そのためには、プロダクト、マーケティング、リサーチのスキルが必要です。インタビューと同様に、可能であれば2人1組で実験を行うといいでしょう。

要件
既存製品

ブーメラン実験のスケジュールを立てるまえに、検証に使用する既存製品を決める必要があります。その製品は自分のアイデアに活かす情報を引き出せるものでなければなりません。さもないと、顧客のフィードバックが役に立たないでしょう。

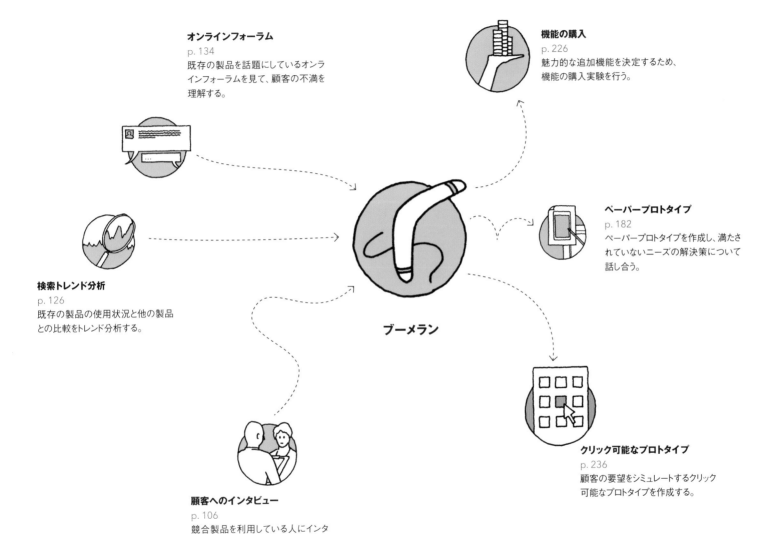

オンラインフォーラム

p. 134

既存の製品を話題にしているオンラインフォーラムを見て、顧客の不満を理解する。

機能の購入

p. 226

魅力的な追加機能を決定するため、機能の購入実験を行う。

ペーパープロトタイプ

p. 182

ペーパープロトタイプを作成し、満たされていないニーズの解決策について話し合う。

検索トレンド分析

p. 126

既存の製品の使用状況と他の製品との比較をトレンド分析する。

ブーメラン

顧客へのインタビュー

p. 106

競合製品を利用している人にインタビューを行う。

クリック可能なプロトタイプ

p. 236

顧客の要望をシミュレートするクリック可能なプロトタイプを作成する。

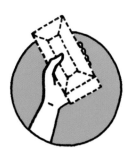

顧客発見／議論のためのプロトタイプ

持ち主ごっこ

忠実度が低く、機能しないプロトタイプを作り、顧客の日常生活にフィットするかを見極めます。
「ピノキオ実験」とも呼ばれます。

🪙 ●○○○○ コスト	⚖️ ●●○○○ エビデンスの強さ
🕐 ●●○○○ 準備時間	⏱️ ●●●●○ 実行時間

魅力性　実現可能性　存続可能性

長所：アイデアの潜在的な有用性に関するエビデンスが得られる。

スキル　デザイン／リサーチ

準備
- ☐ 製品のアイデアを紙にスケッチする。
- ☐ 実験に必要な素材を集める。
- ☐ 社内でプロセスを反復しすぎないように、作成に必要なタスクのタイムボックス（時間枠）を決める。
- ☐ 製品を作成する。
- ☐ 実績を評価するための実験ログを用意する。

実行
- ☐ 製品が実際に機能するかのように実験を行う。
- ☐ 実験ログに使用状況を記録する。

分析
- ☐ 以下の観点から実験ログを振り返る。
  - ・使おうとした回数
  - ・使いづらかったり面倒に感じた場面があったか
- ☐ 分析結果をより忠実度が高い実験に取り入れる。

持ち主ごっこ

議論のためのプロトタイプ

コスト

実験の材料は木材や紙などすぐに手に入るものであるため、費用は基本的にかかりません。ただし、プロトタイプが大きく、複雑になれば、それだけ費用がかかります。

準備時間

数分から数時間かかります。必要最低限の形状とユーザーインターフェースを備えていれば十分で、デザインに手間をかけすぎないようにします。

実行時間

アイデアの種類により、数週間から数カ月かかります。製品が架空のものであることを意識しなくなるまで、時間がかかるでしょう。

エビデンスの強さ

いつ使うのか？
エンゲージメントの記録
製品を手にした時間と、役立つと思った状況をスプレッドシートに記録します。また、それがどんな場面であり、どんな用途だったかも記しておきます。

　こうしたエンゲージメントは比較的弱いエビデンスですが、アイデアや価値提案の形成に役立つ直接的なインサイトが得られます。

スキル

デザイン／リサーチ
持ち主ごっこ実験を実行するには、基礎的なデザインスキルとリサーチスキルが役に立ちます。大ざっぱなレプリカを作り、長期間にわたって活動ログをつけることも大切です。

要件

持ち主ごっこ実験を行うには、実証したいアイデアと、機能しないプロトタイプを作る創造性さえあれば問題ありません。

顧客へのインタビュー
p. 106
インタビューのメモをもとにプロトタイプのデザインとシナリオを作成する。

実物大のプロトタイプ
p. 254
より忠実度の高いプロトタイプを作成する。

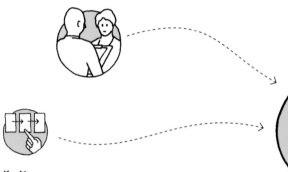

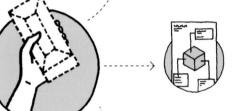

データシート
p. 190
ソリューションの仕様がどんなものであるべきかをデータシートに書く。

ストーリーボード
p. 186
イラストを使ってさまざまなイベントの順序を検証し、学習したことを実験に取り入れる。

持ち主ごっこ

パンフレット
p. 194
価値提案を伝えるパンフレットを作成し、顧客の反応を確認する。

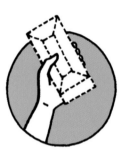

持ち主ごっこ
木製のパームパイロット
パーム

パームを設立したジェフ・ホーキンスは、PDA（携帯情報端末）のパームパイロットを制作するまえに、製品の魅力性を検証しようとしました。これまでに実用レベルのPDAを見てきましたが、いずれも魅力的ではありませんでした。それらは結局、大きな赤字を伴う失敗に終わることになります。

ホーキンスは、想定していた製品の大きさに近い木片を用意し、インターフェースのイメージ画像を印刷してその木片にテープで貼りつけました。タッチペンには木製の箸を使うことにしました。準備にかかったのは数時間ほど。ホーキンスは数カ月間、仕事中にその木片をポケットに入れて持ち歩き、実生活における価値提案の魅力性を検証しました。

　誰かがミーティングやメールの返信を求めてきたときに、木片を取り出してタッチペンでタップし、またポケットに戻しました。

　この検証を繰り返したあとで、彼は現実世界における製品の有用性に自信を持ち、パームパイロットの開発に乗り出しました。

エビデンス
エンゲージメント記録

・デバイスがポケットに入っていた時間は、全体の95%。
・デバイスを取り出して使った回数は、1日平均12回。
・スケジュール管理に使用したのは、使用時間の55%。
・電話番号やメールアドレスを探したのは、使用時間の25%。
・To-Doリストの追加や確認をしたのは、使用時間の15%。
・メモを取ったのは、使用時間の5%。

出典：アルベルト・サヴォイア『NO FLOP! 失敗できない人の失敗しない技術』（サンマーク出版）

○
□ デザイン過程のできるだけ早い段階で機能しないレプリカを作成する。
□ 素材はクラフト店で手に入るものを選び、お金をかけない。
□ 想像力を駆使して、実生活でレプリカが機能しているふりをする。
□ リアルとデジタル両方のインタラクションを記録する。

×
－ レプリカの作成に多くのお金と時間をかける。
－ サイズが大きく、高価なレプリカを実験に使用する。
－ レプリカを持ち歩くのを恥ずかしがる。
－ 実験を楽しむことを忘れる。

持ち主ごっこ

議論のためのプロトタイプ

顧客発見／嗜好と優先順位

プロダクトボックス

価値提案、メイン機能、主なベネフィットが書かれた商品パッケージを顧客に作成してもらいます。

○ ●●○○○	⚖ ●●○○○
コスト	エビデンスの強さ

🕐 ●●○○○	⏱ ●○○○○
準備時間	実行時間

魅力性　実現可能性　存続可能性

長所：価値提案を洗練し、製品の主要機能を絞り込むことができる。

スキル　デザイン／プロダクト／リサーチ

準備

☐ 15〜20人のターゲット顧客を募集する。

☐ 実験用の部屋を確保し、各テーブルに空箱と文房具を置く。

実行

☐ 調査分野を決めて、実験をセッティングする。

☐ 顧客に自分が買いたいと思う商品を梱包する箱をデザインしてもらう。

☐ 箱に書く内容には、架空の売り文句、商品の機能、ベネフィットも含める。

☐ 各チームは、見本市で売ることを想定してパッケージを作成する。こちらが懐疑的な顧客役を演じ、完成したパッケージを順番に売り込んでもらう。

☐ 箱に書かれたメッセージ、機能、ベネフィットをメモする。

分析

☐ 実験を振り返る。売り込みを受けた際に共感できた点とそうでなかった点は?

☐ 学習したことをもとにバリュー・プロポジション・キャンバスを更新する。更新したキャンバスが次の実験の基礎になる。

プロダクトボックスについての詳しい説明は、ルーク・ホーマンの『Innovation Games』（未邦訳）を参照のこと。

プロダクトボックス

嗜好と優先順位

コスト

実験の材料はクラフト店で安く手に入ります。ダンボール、マーカー、紙、付箋を用意します。

準備時間

参加者の募集、消耗品の購入、部屋の準備だけなので比較的短いです。

実行時間

非常に短く、長くても1時間程度です。

エビデンスの強さ

●●○○○

価値提案
顧客のジョブ
顧客のペイン
顧客のゲイン

参加者が提示したジョブ、ペイン、ゲインをまとめて整理します。それぞれを順位付けし、トップ3をハイライトします。

　参加者がメッセージに込めた価値提案をメモし、自社の商品のメッセージに取り入れます。

　実験で作成したパッケージは比較的弱いエビデンスですが、次の実験に役立てられます。

●●○○○

顧客のフィードバック
顧客の発言

ジョブ、ペイン、ゲインに限らず、参加者のさまざまな発言をメモします。

　参加者の意見は比較的弱いエビデンスですが、今後行う実験に活かせる背景情報や定性的インサイトを得るのに役立ちます。

スキル

デザイン／プロダクト／リサーチ

実験は練習すれば誰でも行えますが、デザイン、プロダクト、リサーチのスキルがあれば、得られた結果を評価し、必要に応じてアイデアを提供できるでしょう。

要件

アイデアとターゲット顧客

要件がたくさんあるわけではありませんが、実験を行ううまえに、商品のアイデアとターゲット顧客を明確にしておきましょう。さもないと、実験の焦点がぼやけ、解釈しづらい結果しか得られないでしょう。

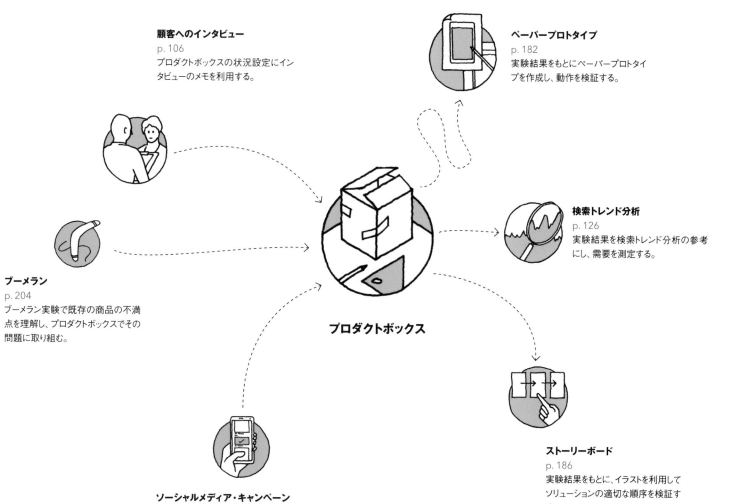

顧客へのインタビュー
p. 106
プロダクトボックスの状況設定にインタビューのメモを利用する。

ペーパープロトタイプ
p. 182
実験結果をもとにペーパープロトタイプを作成し、動作を検証する。

ブーメラン
p. 204
ブーメラン実験で既存の商品の不満点を理解し、プロダクトボックスでその問題に取り組む。

検索トレンド分析
p. 126
実験結果を検索トレンド分析の参考にし、需要を測定する。

プロダクトボックス

ソーシャルメディア・キャンペーン
p. 168
参加者を募集するために、ソーシャルメディアを利用する。

ストーリーボード
p. 186
実験結果をもとに、イラストを利用してソリューションの適切な順序を検証する。

顧客発見／嗜好と優先順位

スピードボート

視覚的なゲームで、ジョブの実現を妨げる原因を特定します。

コスト	●●○○○	エビデンスの強さ	●●●○○
準備時間	●●○○○	実行時間	●○○○○

魅力性　実現可能性　存続可能性

長所：顧客の足を引っ張っている原因や、その原因が実現可能性に与える
影響を視覚的に表現できる。

スキル　デザイン／プロダクト／テクノロジー

募集

☐ 既存の製品を使用している顧客を15〜20人募集する。

準備

☐ 対面による実験の場合は、スピードボートのイラストとカードが必要になる。ネットを介した実験であれば、バーチャル・ホワイトボード、スピードボートの画像、バーチャルなカードが必要になる。

実行

☐ 参加者にカードを配り、ジョブの実現の妨げとなるペインを書かせ、スピードボートの下に貼りつけてもらう。カードはアンカー（錨）のたとえであり、同じことが異なる表現で語られている場合は近くに貼ってグルーピングする。海中深くに貼られたものほど深刻度が増す。各カードに書かれた内容を振り返るが、その際に問題を解決しようとしたりフィードバックを与えないようにしよう。参加者とその結果を誘導してしまうことになる。

分析

☐ 実験が終わったあと、各アンカーの重要度と緊急度を決める。すぐに対処が必要なアンカーもあれば、まったく無視してかまわないものもある。実験の結果は、次の実験の参考にする。

スピードボートについての詳しい説明は、ルーク・ホーマンの『Innovation Games』（未邦訳）を参照のこと。

コスト

実験の材料はスピードボートのイラスト、筆記用具、メモカードだけなので、費用はあまりかかりません。ネットを介した実験の場合は、バーチャル製品が必要なので、費用が少し増えます。

準備時間

参加者の募集だけなので比較的短いです。また、実験で見つけるべきことを決めるために、すでに手に入っている情報を見直しておきます。

実行時間

1～2時間程度であり、非常に短いです。

エビデンスの強さ

●●●○○

アンカー数
重要度
緊急度
重要度と緊急度が高いアンカーの数

貼られたアンカーのうち、重要度と緊急度が高いものが多ければ、それだけバリューマップと顧客プロフィールのギャップが大きくなります。

スピードボートの結果自体は比較的弱いエビデンスですが、顧客と単に会話するよりも強いです。価値提案の実現を妨げている原因が明確にわかります。

●●○○○

顧客のフィードバック
顧客の発言

アンカーだけでなく、顧客の発言も集めて、彼らが製品を使ううえで苦労した背景を理解します。

顧客の発言は比較的弱いエビデンスですが、製品の背景情報と定性的インサイトを得ることに役立ちます。

スキル

デザイン／プロダクト／テクノロジー

この実験には、ファシリテーションスキルに加えて、アンカーの重要度と緊急度を見極める能力が必要です。アンカーの重要度はすべて同じではありません。すぐに解決が必要なものもあれば、まったく無視してかまわないものもあります。

要件

ファシリテーションスキル

実験を滞りなく進めるためには、ある程度のファシリテーションスキルが求められます。自社の製品に対して抱く不満について、顧客に語ってもらうのだからなおさらです。製品への思い入れが強すぎて冷静でいられるかどうか心配なら、サードパーティーのファシリテーターに実験の進行を任せたほうがいいでしょう。

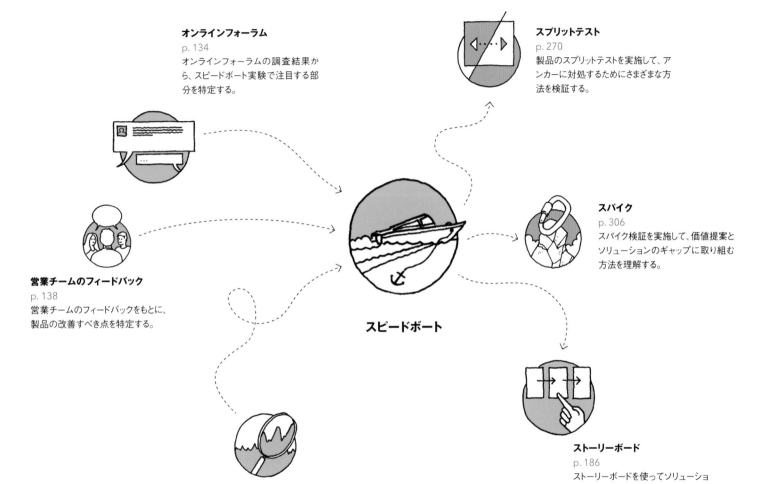

オンラインフォーラム
p. 134
オンラインフォーラムの調査結果か
ら、スピードボート実験で注目する部
分を特定する。

営業チームのフィードバック
p. 138
営業チームのフィードバックをもとに、
製品の改善すべき点を特定する。

検索トレンド分析
p. 126
製品に不満を持っている顧客の数を
調査する。

スピードボート

スプリットテスト
p. 270
製品のスプリットテストを実施して、ア
ンカーに対処するためにさまざまな方
法を検証する。

スパイク
p. 306
スパイク検証を実施して、価値提案と
ソリューションのギャップに取り組む
方法を理解する。

ストーリーボード
p. 186
ストーリーボードを使ってソリューショ
ンの適切な順序を複数パターン検証
し、アンカーの解決策のデザインに役
立てる。

スピードボート

嗜好と優先順位

顧客発見／嗜好と優先順位

カードソート

UX（ユーザーエクスペリエンス）デザインの手法を用いて、情報が書かれたカードを顧客に
分類してもらいインサイトを得ます。

⬭ ●●○○○
コスト

⚖ ●●○○○
エビデンスの強さ

🕐 ●●○○○
準備時間

⏱ ●○○○○
実行時間

魅力性　実現可能性　存続可能性

長所：顧客のジョブ、ペイン、ゲイン、価値提案のインサイトが得られる。

スキル　マーケティング／リサーチ

募集
☐ 既存またはターゲット顧客を15～20人募集する。

準備
☐ 対面での実験であれば、顧客のジョブ、ペイン、ゲインのカードと顧客が自由に書き込めるカードが必要になる。ネットを介した実験であれば、カードの他にバーチャル・ホワイトボードが必要になる。

実行
☐ 市場で目撃した顧客のジョブ、ペイン、ゲインのカテゴリーを参加者に説明し、既存のカードのカテゴリー分けと順位付けをしてもらう。分類の際はカードの内容を読み上げてもらう。足りないカードの有無を聞く。該当するカードがないのであれば、未記入のカードにその内容を書いてもらい、ランキングに加える。定性的インサイトを得るため、チームの1人がセッションのメモを取る。

分析
☐ カード分類が終わったら、共通するテーマや目立つテーマを特定し、顧客が挙げたジョブ、ペイン、ゲインの上位3件を集計する。分析結果をもとにバリュー・プロポジション・キャンバスを更新または作成し、今後の実験の参考にする。

コスト

費用はあまりかかりません。対面で実験を行う場合に必要なのは、紙のカードだけです。ネットを介した実験であれば、低価格あるいは無料のバーチャル・ホワイトボードが必要になります。

準備時間

比較的短いです。カードの内容を決め、顧客を募集します。

実行時間

非常に短く、1時間以内で完了します。

⚖ ●●○○○

エビデンスの強さ

●●○○○

顧客のジョブ
顧客のペイン
顧客のゲイン
ジョブ、ペイン、ゲインのトップ3。
ジョブ、ペイン、ゲインのテーマ。
ラボ環境で行うカードソートの結果は比較的弱いエビデンスですが、行動にフォーカスした忠実度の高い他の機能実験に役立てられます。

●●○○○

顧客のフィードバック
顧客の発言
ジョブ、ペイン、ゲインに限らず、実験中の顧客のさまざまな発言をメモします。
　顧客の発言は比較的弱いエビデンスですが、次に行う実験に活かせる背景情報や定性的インサイトを得るのに役立ちます。

スキル

マーケティング／リサーチ

カードソート実験は誰でも行えますが、適切な顧客を募集したり、カテゴリーやランキングを分析したりする場合に、マーケティングとリサーチのスキルが役立つでしょう。

要件

ターゲット顧客

カードソートが最も有効なのは既存の顧客に対してですが、潜在的なニッチ顧客からも学習が期待できます。どちらも顧客提案や別の実験に役立てるには、顧客のジョブ、ペイン、ゲインについてよく検討する必要があります。

営業チームのフィードバック
p. 138
営業チームのフィードバックをカード
作成に取り入れる。

ストーリーボード
p. 186
顧客のジョブ、ペイン、ゲインの解決
策を明確にするために、ストーリーボー
ドを作成する。

解説動画
p. 200
顧客のジョブ、ペイン、ゲインの解決
策を説明する動画を作成する。

顧客サポート分析
p. 142
顧客サポートのデータをカード作成に
取り入れる。

カードソート

ペーパープロトタイプ
p. 182
顧客のジョブ、ペイン、ゲインの解決
策を示すペーパープロトタイプを作成
する。

オンラインフォーラム
p. 134
オンラインフォーラムで顧客の不満を
調査し、その結果をカード作成に取り
入れる。

カードソート

225

嗜好と優先順位

顧客発見／嗜好と優先順位

機能の購入

参加者におもちゃのお金を与えて、製品に追加したい機能にいくら支払うかを調べます。

⬭ ●●○○○
コスト

⚖ ●●○○○
エビデンスの強さ

🕐 ●●○○○
準備時間

⏱ ●○○○○
実行時間

🔳 ⧖ ◔
魅力性　実現可能性　存続可能性

長所：機能の優先順位を決定したり、顧客のジョブ、ペイン、ゲインを洗練したりできる。

✂🎁🎛🔨🗄🏷📣🔍🥧
スキル　デザイン／プロダクト／リサーチ／財務

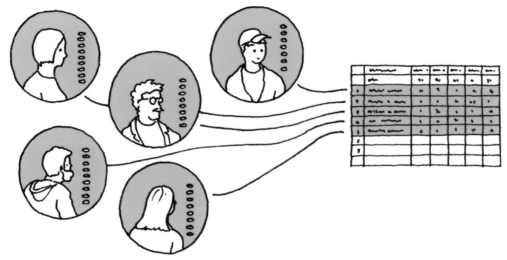

227

嗜好と優先順位

募集

☐ 15～20人のターゲット顧客を募集する。

準備

☐ おもちゃのお金、情報カード、方眼紙を用意し、部屋を予約する。

デザイン

☐ 仮想の設定を参加者に説明し、15～30の機能が載っているリストとおもちゃのお金を配る。

購入

☐ 参加者は自分がほしい機能に予算を割り当てる。より多くの機能を手に入れるため、他の参加者と融通し合ってもいい。チームは参加者が機能を選んでいるとき、意見を述べるなどして行動に影響を与えないよう注意する。

分析

☐ 方眼紙を使い、どの機能にお金が集まったかを計算する。

機能の購入について詳しく知りたい場合は、ルーク・ホーマンの『Innovation Games』（未邦訳）を参照のこと。

コスト

比較的低いです。対面で実験を行う場合は、おもちゃのお金、情報カード、方眼紙を準備する必要があります。ネットを介した実験では、無料または低価格のバーチャル・ホワイトボードが必要になります。

準備時間

数日程度です。顧客の募集、消耗品の購入、部屋の準備が必要になります。準備時間の大部分は、機能の選択と価格の設定に費やされます。

実行時間

非常に短く、1時間以内に終わります。

エビデンスの強さ

●●○○○

機能のランキング
顧客のジョブ
顧客のペイン
顧客のゲイン
参加者が最も購入した機能のトップ3。
　顧客の順位付けの動機となるジョブ、ペイン、ゲインをメモします。
　機能の購入はラボ環境で行われるため比較的弱いエビデンスですが、行動にフォーカスした忠実度の高い機能実験に役立てられます。

●●○○○

顧客のフィードバック
顧客の発言
ジョブ、ペイン、ゲインに限らず、顧客のさまざまな発言をメモします。
　顧客の発言は比較的弱いエビデンスですが、次に行う実験に活かせる背景情報や定性的インサイトを得るのに役立ちます。

スキル

デザイン／プロダクト／リサーチ／財務
実験自体は誰でも行うことができますが、デザイン、リサーチ、プロダクトのスキルがあれば役に立つでしょう。得られた結果を評価し、必要に応じてアイデアを提供するためです。

要件

機能のリストとターゲット顧客
製品に搭載したい機能の候補を考えておく必要があります。それと同時に、既存製品を少しでも知っている顧客がいなければなりません。顧客が製品をまったく知らなければ、ランキングがあまり役に立ちません。

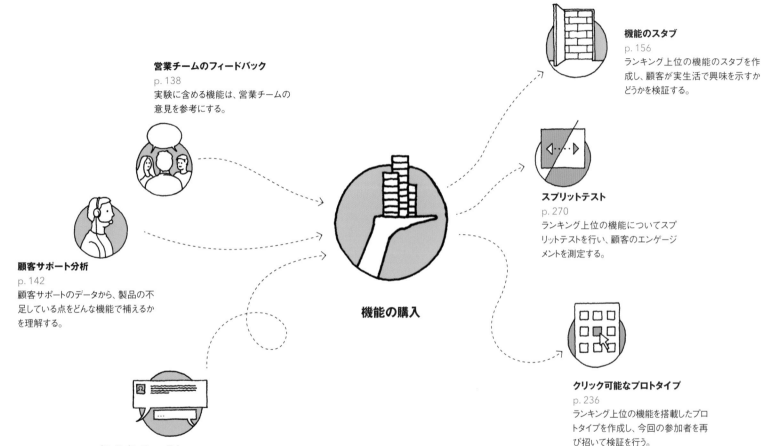

営業チームのフィードバック

p. 138

実験に含める機能は、営業チームの
意見を参考にする。

顧客サポート分析

p. 142

顧客サポートのデータから、製品の不
足している点をどんな機能で補えるか
を理解する。

機能の購入

オンラインフォーラム

p. 134

顧客の不満を知るためにオンライン
フォーラムを調査し、機能リストに取り
入れる。

機能のスタブ

p. 156

ランキング上位の機能のスタブを作
成し、顧客が実生活で興味を示すか
どうかを検証する。

スプリットテスト

p. 270

ランキング上位の機能についてスプ
リットテストを行い、顧客のエンゲージ
メントを測定する。

クリック可能なプロトタイプ

p. 236

ランキング上位の機能を搭載したプロ
トタイプを作成し、今回の参加者を再
び招いて検証を行う。

「発明が破壊をもたらすのではない。
顧客に受け入れられて
初めて破壊が実現するのだ」

————

ジェフ・ベゾス
（実業家、慈善活動家、
Amazon.com の創業者）

3.3 — 顧客実証

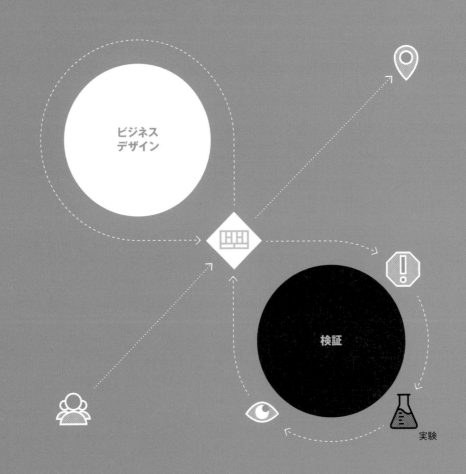

アイデア

ビジネス

調査と検証	実行

顧客発見
全体的な方向性が正しいかどうかを見極める。基本的な前提を検証する。最初のインサイトをすぐに軌道修正する。

顧客実証
選択した方向性を実証する。ビジネスアイデアの有効性を強いエビデンスで裏づける。

本書の「顧客発見」と「顧客実証」という概念は、スティーブン・ブランクの重要な著書である『アントレプレナーの教科書』（翔泳社）とその姉妹書の『スタートアップ・マニュアル』（翔泳社）に基づいています。この2冊は、現代のアントレプレナーシップを理解するための必読書です。

顧客実証の実験

🪙 コスト	⚖️ エビデンスの強さ	🕐 準備時間	⏱️ 実行時間	テーマ
●●○○○	●●○○○	●●○○○	●●○○○	魅力性　実現可能性　存続可能性
●●○○○	●●●●●	●●●○○	●●●●○	魅力性　実現可能性　存続可能性
●●●○○	●●●●●	●●●○○	●●●●○	魅力性　実現可能性　存続可能性
●○○○○	●●●●●	●●○○○	●●●○○	魅力性　実現可能性　存続可能性
●●●●●	●●○○○	●●●●○	●●●○○	魅力性　実現可能性　存続可能性
●●○○○	●●○○○	●●○○○	●●●○○	魅力性　実現可能性　存続可能性
●●●●●	●●○○○	●●●●○	●●●●○	魅力性　実現可能性　存続可能性
●●○○○	●●●○○	●●○○○	●●●○○	魅力性　実現可能性　存続可能性
●●●○○	●●●●●	●●○○○	●●●○○	魅力性　実現可能性　存続可能性
●●○○○	●●○○○	●●○○○	●●●○○	魅力性　実現可能性　存続可能性
●●○○○	●●●●●	●●●○○	●●●○○	魅力性　実現可能性　存続可能性
●●○○○	●●●●○	●●○○○	●●●○○	魅力性　実現可能性　存続可能性
●○○○○	●●○○○	●○○○○	●●○○○	魅力性　実現可能性　存続可能性
●●●●○	●●○○○	●●●○○	●●○○○	魅力性　実現可能性　存続可能性
●●○○○	●●●●●	●○○○○	●●○○○	魅力性　実現可能性　存続可能性

顧客実証／インタラクションのプロトタイプ

クリック可能なプロトタイプ

顧客とソフトのインタラクションをシミュレートするために、クリック可能な部分のあるデジタル・
インターフェースを試作します。

コスト ●●○○○	エビデンスの強さ ●●○○○
準備時間 ●●○○○	実行時間 ●●○○○

魅力性　実現可能性　存続可能性

長所：ペーパープロトタイプよりも高い忠実度でプロダクトのコンセプトを素早
く検証できる。

短所：ユーザビリティ（使い勝手）を検証することはできない。

スキル　デザイン／プロダクト／テクノロジー／リサーチ

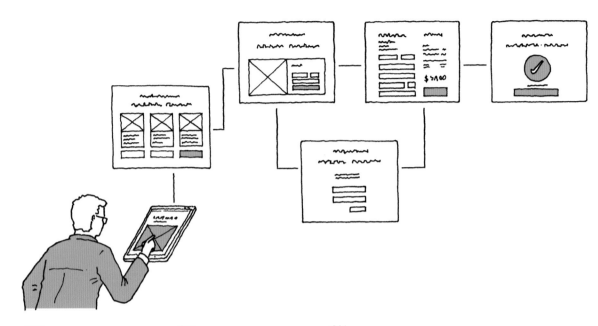

準備

☐ 実験のゴールを決定する。

☐ 実験に協力してもらうターゲット顧客を決める。無関心ではないが、実験の背景について詳しく知らない人が望ましい。

☐ 台本を書く。

☐ ホットゾーン（クリックが有効になる領域）があるプロダクトを作成する。

☐ 社内で動作を検証する。

☐ 実験のスケジュールを立てる。

実行

☐ 実現しようとしているソリューションの感想がほしいということを参加者に伝える。こちらが顧客の意見を大事にしていることを理解してもらう。

☐ チームの1人がインタビューを行い、顧客とやり取りする。

☐ 別のメンバーが顧客の発言や行動をメモする。

☐ 参加者に礼を言って実験を終わりにする。

分析

☐ 壁にプロトタイプのスケッチを貼り、その周りにインタビュー中のメモ、観察したこと、顧客の発言を貼っていく。

☐ 参加者はどこで戸惑ったか?

☐ 参加者が興味を示した部分はどれか?

☐ インタビューのメモと分析結果を次の実験に取り入れる。

コスト

費用はペーパープロトタイプよりも高いです。多くのテンプレートやツールが存在するので、一から作成する必要はありません。

準備時間

1～2日と比較的短いです。

実行時間

数日から1週間です。早めに検証を終わらせて、価値提案とソリューションのフローについての感想をもらいます。

エビデンスの強さ

●●○○○

タスク完了

タスク完了率と、タスク完了までにかかった時間。

　手動によるタスク完了は必ずしも強いエビデンスとは言えませんが、顧客がどこで戸惑ったのかがわかり、ペーパープロトタイプよりも有益です。

●●○○○

顧客のフィードバック

価値提案や想定されたソリューションの有用性に関する顧客の発言。

　顧客の発言自体は比較的弱いエビデンスですが、ペーパープロトタイプよりも有益です。

スキル

デザイン／プロダクト／テクノロジー／リサーチ

デジタルプロダクトのアイデアに加えて、ツールやテンプレートを使ってプロダクトに見えるようにするには、デザインスキルが求められます。プロダクトは、ホットゾーンをクリックすると他の画面に移動するよう設計しなければなりません。この他に、実験用の台本を書いたり、セッションを録画したりすることも必要です。

要件

デジタルプロダクトのアイデア

実験は参加者が画面上でクリックしながらデジタルな体験をするものなので、実験するアイデアがデジタルなものでなくてはなりません。クリック可能なプロトタイプの実験を検討している段階では、すでにプロダクトのフローが固まっているべきですが、それが間違っている可能性もあることを頭に入れておきましょう。

顧客へのインタビュー
p. 106
インタビューのメモをもとにクリック可能なプロトタイプの台本を作成する。

マッシュアップ
p. 244
クリック可能なプロトタイプと既存の技術を合わせて、マッシュアップを作成する。

ストーリーボード
p. 186
クリック可能なプロトタイプの学習をもとに、ストーリーボードを用いてプロダクトのフローを改善する。

ペーパープロトタイプ
p. 182
ペーパープロトタイプの感想をもとにクリック可能なプロトタイプを作成する。

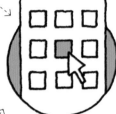

クリック可能なプロトタイプ

解説動画
p. 200
クリック可能なプロトタイプのメモをもとに解説動画を作成する。

ブーメラン
p. 204
ブーメラン実験のメモをもとに、満たされていないニーズにどう応えるかをクリック可能なプロトタイプで検証する。

クリック可能なプロトタイプ

インタラクションのプロトタイプ

顧客実証／インタラクションのプロトタイプ

単一機能のMVP

1つの機能だけを搭載したMVP（実用最小限の製品）を作って、仮説を検証します。

🪙 ●●○○○
コスト

⚖️ ●●●●●
エビデンスの強さ

🕐 ●●●○○
準備時間

⏱️ ●●●●○
実行時間

▦ ▷ ◔
魅力性　実現可能性　存続可能性

長所：ソリューションが約束する主な価値が顧客の共感を得るかどうかを確認できる。

✂️ ⬡ ⋙ ⟁ 🗄️ 🏷️ 📢 🔍 🥧
スキル　デザイン／プロダクト／テクノロジー／法務／マーケティング／財務

準備

☐ 顧客の重要なジョブを実現する
最小の製品をデザインする。

☐ 製品が正常に機能するか社内で
検証する。

☐ 実験に協力してくれる顧客を探
す。

実行

☐ 顧客に製品を操作してもらう。

☐ 顧客から満足度のフィードバック
を集める。

分析

☐ 顧客のフィードバックを振り返る。

☐ 何人の顧客がコンバージョンした
か？

☐ このソリューションを実行するため
にどのくらいの費用がかかったか？

単一機能のMVP

☑

241

インタラクションのプロトタイプ

コスト

他の忠実度の低い実験よりも少し高いです。というのも、顧客に価値を提供するものを作成するためです。

準備時間

デザイン、作成、社内検証で1〜3週間かかります。有料での提供を前提にしているので、しっかり作成しなければなりません。

実行時間

数週間から数カ月かかります。製品を大規模化・最適化するまえに、定性的・定量的フィードバックを分析できるだけの期間を設けます。

⚖ ●●●●●

エビデンスの強さ

●●●●●

顧客満足度

単一機能のMVPを体験した顧客がどれくらい満足したか。

　仮想環境ではなく、実際に価値を提供したあとにもらえる感想なので、強いエビデンスです。

●●●●●

購入数

顧客による単一機能のMVPの購入数。

　たとえ1つの機能しか搭載していなかったとしても、顧客が買ったということは強いエビデンスです。

●●●●●

コスト

単一機能のMVPのデザイン、作成、納品、維持にどのくらい費用がかかったか?

　費用は強いエビデンスであり、将来にわたりビジネスを維持するうえで重要な指標になります。

スキル

デザイン／プロダクト／テクノロジー／法務／マーケティング／財務

製品を作成し、顧客に届けるための全スキルが必要になります。求められるスキルは、顧客に届けるものが物理的な製品かデジタルプロダクトか、あるいはサービスなのかによって大きく変わります。

要件

ニッチ顧客のニーズ

単一機能のMVPは他の実験に比べ、取引コストが発生し、実験期間が長く、準備の費用が高くつく実験です。この実験を検討するまえに、準備の費用が高くつく忠実度の低い実験を行って十分なエビデンスを集めておく必要があります。その機能が満たす顧客のニーズを明確にしておかなければなりません。

顧客へのインタビュー

p. 106

単一機能のMVPを利用した顧客に
対してインタビューを行い、彼らのニー
ズにどう応えていたかをさらに理解す
る。

コンシェルジュ

p. 248

コンシェルジュ実験で学習したことを
機能のデザインに取り入れる。

オズの魔法使い

p. 284

オズの魔法使い実験で学習したこと
を機能のデザインに取り入れる。

単一機能のMVP

顧客実証サーベイ

p. 278

単一機能のMVPを利用した顧客に
対してサーベイを行い、彼らのニーズ
にどう応えていたかをさらに理解する。

ランディングページ

p. 260

単一機能のMVPへの興味を集める
ために、ランディングページを作成す
る。

クラウドファンディング

p. 266

さらに機能を追加する資金集めのた
めに、クラウドファンディング・キャン
ペーンを実施する。

単一機能のMVP

インタラクションのプロトタイプ

顧客実証／インタラクションのプロトタイプ

マッシュアップ

価値の提供のために既存の複数のサービスを組み合わせて統合し、実際に機能するMVP
を作ります。

⬭ ●●●○○ コスト	⚖ ●●●●● エビデンスの強さ
🕐 ●●●○○ 準備時間	⏱ ●●●●○ 実行時間

🕸 📥 📣
魅力性　実現可能性　存続可能性

長所：顧客がそのソリューションに共感するかどうかを調べられる。

✂ 📦 🔳 ⚒ 🗄 🏷 📣 🔍 🥧
スキル　デザイン／プロダクト／テクノロジー／法務／マーケティング／財務

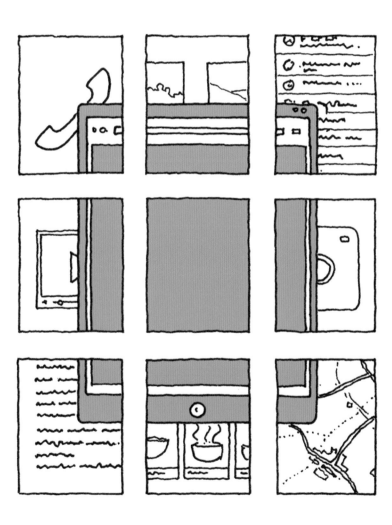

準備

- ☐ 顧客価値を創出するために必要なプロセスフローを策定する。
- ☐ その市場における既存の技術を吟味し、プロセスに合致し、組み合わせて統合できそうな製品を探す。
- ☐ 製品を統合して、完成品の動作を検証する。
- ☐ マッシュアップ実験の顧客を募集する。

実行

- ☐ 顧客に対してマッシュアップ実験を実施する。
- ☐ 顧客満足度のフィードバックを集める。

分析

- ☐ 顧客満足度のフィードバックを振り返る。
- ☐ 何人の顧客がプロセスを完了し、製品を購入したか?
- ☐ 顧客はプロセスのどの部分で断念したか?
- ☐ 既存の技術と顧客の期待にギャップはあるか?
- ☐ 製品体験に満足してもらえない場合や、コストが高すぎて規模を拡大できない場合は、カスタマイズされたソリューションの構築を検討する。

コスト

ソリューションを届けるために既存の技術を統合する必要があるため、他の忠実度の低い実験よりも費用がかかります。費用は、既存の技術を利用するため、およびそれを統合するために発生します。

準備時間

既存の技術を評価し、統合するために1〜3週間かかります。

実行時間

数週間から数カ月かかります。製品を最適化・大規模化するまえに、定性的・定量的フィードバックを十分に分析できるだけの期間を設けます。

エビデンスの強さ

●●●●●

顧客満足度

マッシュアップ実験で顧客がどの程度満足したか。

　顧客満足度は、仮想環境ではなく、価値を提供したあとの顧客の感想であるため、強いエビデンスです。

●●●●●

購入数

マッシュアップ製品の購入数。

　顧客が既存の技術の寄せ集めであることを知らなかったとしても、対価を払ってくれたということは強いエビデンスです。

●●●●●

コスト

マッシュアップ製品のデザイン、作成、納品、維持にどれくらいの費用がかかったのか?

　マッシュアップ製品にかかった費用は強いエビデンスであり、存続可能なビジネスを構築するうえで重要な指標になります。

スキル

デザイン／テクノロジー／プロダクト／法務／マーケティング／財務

既存の技術を評価して適切な構成部品を選び、それらをソリューションとして統合して、必要とされている価値を顧客に提供しなければなりません。それらの技術をすべて熟知していなくても、活用できるだけの知識は必要です。また、マッシュアップ製品は本物の製品に必要とされるものすべてを備えていなければなりません。さらに、合法的なものでなければなりません。

要件

自動化プロセス

マッシュアップは実施期間が長く、取引コストがかかります。この実験を検討するまえに、より忠実度の低い他の実験を行って、顧客に価値を届けるプロセスの見当をつけておく必要があります。そのプロセスに関する知識をもとに、既存の技術を評価・選択して1つの製品として統合し、顧客に販売するのです。

コンシェルジュ

p. 248

コンシェルジュ実験で学習したことを
マッシュアップのデザインに取り入れ
る。

顧客へのインタビュー

p. 106

顧客のニーズを満たす方法を知るた
め、機能を使用した人にインタビュー
を実施する。

顧客実証サーベイ

p. 278

顧客のニーズをどう満たしていたかを
知るため、機能を使用した人にサー
ベイを実施する。

オズの魔法使い

p. 284

オズの魔法使い実験で学習したこと
をマッシュアップのデザインに利用す
る。

マッシュアップ

クラウドファンディング

p. 266

マッシュアップより大規模なものを作
るため、クラウドファンディングで資金
集めをする。

ランディングページ

p. 260

顧客の興味を集めるため、ランディン
グページを作成する。

顧客実証／インタラクションのプロトタイプ

コンシェルジュ

テクノロジーではなく手作業で顧客体験を創出し、価値を提供します。オズの魔法使いの
実験とは違い、顧客に関係者の存在がわかります。

コスト ●○○○○	エビデンスの強さ ●●●●●	魅力性　実現可能性　存続可能性
準備時間 ●●○○○	実行時間 ●●●○○	長所：価値の創造・獲得・提供に必要な手順を直に学べる。 短所：製品やビジネスの規模を拡大するためにはふさわしい実験ではない。

スキル　デザイン／プロダクト／テクノロジー／法務／マーケティング

準備

☐ 手作業による製品の作成手順を考える。

☐ 必要な手順と注文数を確認するための掲示板を用意する。

☐ 社内で手順を検証し、うまく機能するかを確認する。

☐ ウェブで注文を受ける場合、アナリティクスが組み込まれているかどうかを確認する。アナリティクスが使えない場合は、方眼紙や表計算ソフトにデータを記録する。

実行

☐ コンシェルジュ実験の注文を受ける。

☐ 顧客に製品を提供する。

☐ タスク完了までにかかった時間を記録する。

☐ 顧客にインタビューやサーベイを行い、感想を求める。

分析

☐ 顧客のフィードバックを振り返る。

☐ 以下の点を検討する。

・タスク完了までの時間

・どの工程で遅延を感じたか

・販売数量

☐ 分析結果をコンシェルジュ実験の改善に利用するか、プロセスの自動化を考える。

コンシェルジュ

☑

249

インタラクションのプロトタイプ

コスト

コンシェルジュ実験の規模が小さく、シンプルであるならば、特別な技術は必要なく手作業なので費用はあまりかかりません。大規模または複雑な実験を行う場合は、その度合いに応じて費用が増加します。

準備時間

顧客に価値を届ける全行程を手動で行い、顧客を募集する必要があるため、他のプロトタイプ実験よりも時間がかかります。

実行時間

プロセスの複雑さと顧客の人数によって、数日から数週間程度かかります。一般的に他のプロトタイプ実験よりも時間がかかります。

エビデンスの強さ

●●●●●

顧客満足度

製品を受け取ったあとの満足度に関する顧客の感想。

　顧客満足度は、仮想環境ではなく実際に価値を届けた顧客の感想であるため、強いエビデンスです。

●●●●●

購入数

コンシェルジュ実験での顧客による製品の購入数。顧客は手作業で作った体験に対していくら支払ったのか?

　手作業の価値提供であったとしても、購入数は強いエビデンスです。

●●●●●

プロセス完了までの時間

リードタイムは、顧客のリクエストから製品の提供までの合計時間。

　サイクルタイムは、顧客のリクエストに応じるために費やされた時間。リクエストが入ってから対応するまでの時間は含まれません。

　コンシェルジュ実験が完了するまでに費やされた時間は、リクエストを受けてから価値の提供までに必要な手順を直接知ることができるので、非常に強いエビデンスです。

スキル

デザイン／プロダクト／テクノロジー／法務／マーケティング

手作業で製品を作成し、顧客に提供するためのすべての能力が必要になります。求められるスキルは、エンド顧客に届けるものが、物理的な製品かデジタルプロダクトか、あるいはサービスなのかによって大きく変わります。

要件

時間

最大の要件は時間です。自分自身の時間であり、チームの時間でもあります。実験に十分な時間が確保できないと、チームも顧客もフラストレーションを溜めてしまいます。スケジュールを空けて、必要な注意を向けられるようにしましょう。

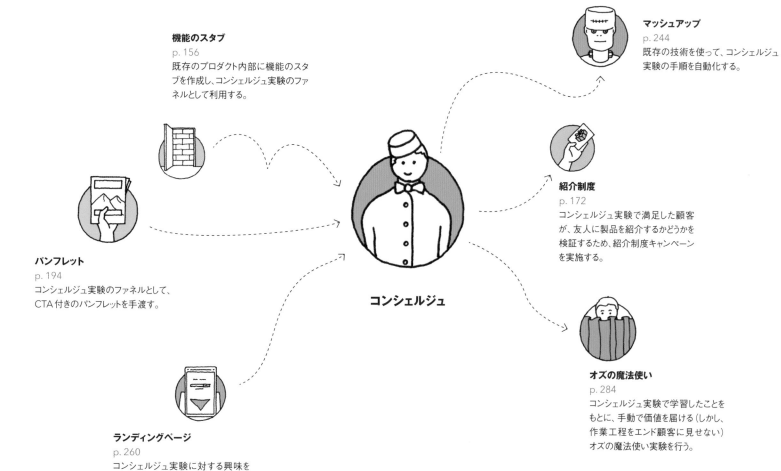

機能のスタブ
p. 156
既存のプロダクト内部に機能のスタ
ブを作成し、コンシェルジュ実験のファ
ネルとして利用する。

マッシュアップ
p. 244
既存の技術を使って、コンシェルジュ
実験の手順を自動化する。

パンフレット
p. 194
コンシェルジュ実験のファネルとして、
CTA付きのパンフレットを手渡す。

コンシェルジュ

紹介制度
p. 172
コンシェルジュ実験で満足した顧客
が、友人に製品を紹介するかどうかを
検証するため、紹介制度キャンペーン
を実施する。

ランディングページ
p. 260
コンシェルジュ実験に対する興味を
集めるため、ランディングページを作
成する。

オズの魔法使い
p. 284
コンシェルジュ実験で学習したことを
もとに、手動で価値を届ける（しかし、
作業工程をエンド顧客に見せない）
オズの魔法使い実験を行う。

コンシェルジュ
家の売買
Realtor.com

Realtor.com（リアルター・ドットコム）は、カ
リフォルニア州サンタクララに拠点を置く
Move社が運営する不動産情報サイトです。この
サイトでは、不動産の売買で必要な情報、ツール、
専門知識を提供しています。

Realtor.comのチームが売り手と話をしてわかったのは、家を売る際に、どのタイミングで新しい家を購入すべきか悩む人が多いということでした。引っ越しする際、他の市や州など遠くへ移る場合が多いのです。

そこで、チームは物件の売り手のための情報と買い手のための情報を集約して提示するサービスを考え、サービスの有用性と実現性を検証することにしました。

仮説
Realtor.comで翌年中に家を売ろうとしている顧客は、同時期に新しい家を買おうとしている、と考えました。

実験
情報をPDFにまとめ、顧客に提供する
チームはシンプルなコンシェルジュ実験を行いました。CTAをクリックすると、物件の売却と販売を同時に行うために役立つ情報という価値提案を強調したモーダルウィンドウ（何らかの操作をしないと他の画面に移れないウィンドウ）が現れます。ユーザーがアンケートに答え、回答を送信すると、プロダクトマネージャーのデイブ・マスターズが手作業でRealtor.comのサイトから必要な情報を見つけて、PDFを作成するという仕組みです。

デイブはそのPDFをメールに添付し、個別にユーザーに送りました。メールには、詳細情報を知りたい場合のためのリンクが記載されていました。

エビデンス
数分で80人の新規登録者を獲得
予想を超える反応がありました。チームは、サイトの統計データをもとに、3時間以内に30人の新規登録者を獲得すると予測していましたが、数分で80以上の新規登録があったため、予定よりも早く実験が終了になりました。

インサイト
仮説が実証され、ユーザーの多くが家の売買時期に関する問題を抱えていることが判明
また、実験における次のような課題も明らかになりました。応募数が多いことはよい兆候だとしても、予想以上に手間がかかる。手作業で顧客に価値を届けるとなると、それを本当に実行できるということが前提になります。同時進行で作業する場合、価値提供と学習のために十分な時間を確保しなければなりません。そうでないと、日々の膨大な作業に追われ、全体の管理が困難になります。

行動
機能のスタブへ移行
コンシェルジュの結果から、顧客の期待が大きいことがわかり、アイデアを前に進める自信を得ました。チームが次に行った実験は機能のスタブでした。アプリ内に売り手のための機能や検証を盛り込む「販売ツール」という架空のタブへのリンクを作成し、ユーザーの反応を検証しました。

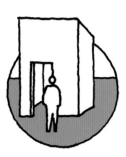

顧客実証／インタラクションのプロトタイプ

実物大のプロトタイプ

実物大のレプリカで顧客にサービスを体験してもらいます。

コスト ●●●●●

エビデンスの強さ ●●●○○

魅力性　実現可能性　存続可能性

準備時間 ●●●●○

実行時間 ●●●○○

長所：ソリューションを本格的に展開するまえに、忠実度の高い実験で少人
数の顧客の反応を確かめることができる。

スキル　デザイン／プロダクト

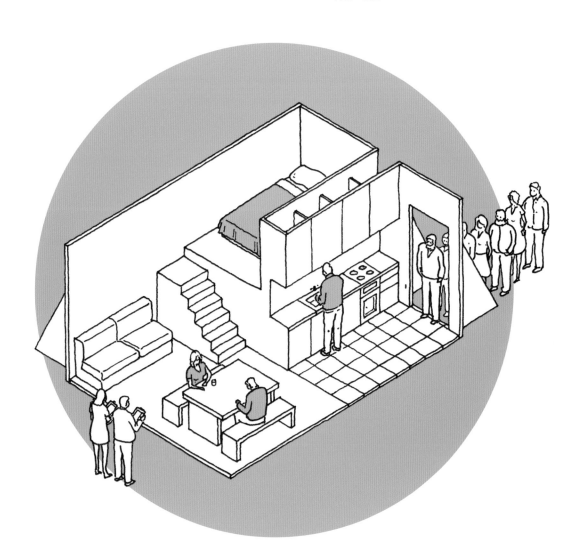

準備

☐ ソリューションの裏づけとなる過去のエビデンスを集める。

☐ 実物大のプロトタイプを作成する。このプロトタイプは、提供するソリューションのレプリカである。

☐ 顧客を募集し、セッションのスケジュールを組む。

実行

☐ 実物大のプロトタイプを顧客に見せる。

☐ チームの1人がインタビューを行う。

☐ 別のメンバーが顧客の発言、ジョブ、ペイン、ゲイン、身振りをメモする。

☐ 顧客の発言だけでなく、行動を確認するため、CTAを提示したり、模擬販売を実施したりする。

分析

☐ チームでメモを振り返る。

☐ 学習したことをもとにバリュー・プロポジション・キャンバスを更新する。

☐ 模擬販売やCTAのコンバージョンを計算する。

☐ 学習したことをもとに次の実験のためにプロトタイプを改善する。

実物大のプロトタイプ

255

インタラクションのプロトタイプ

●●●●●

コスト

リアルなプロトタイプを作成する必要があるので、費用はかなり高いです。サイズが大きくなれば、それだけ費用がかかります。

 ●●●●○

準備時間

準備時間はサイズと複雑さに左右されます。忠実度の高いレプリカを作るために数週間から数カ月かかるでしょう。

 ●●●○○

実行時間

比較的短いです。自分たちの価値提案と顧客のジョブ、ペイン、ゲインの合致を把握するために、顧客にプロトタイプをしっかり体験してもらうだけの時間が必要になります。

⚖ ●●●○○

エビデンスの強さ

●●●●○

顧客のジョブ
顧客のペイン
顧客のゲイン
顧客のフィードバック

顧客のジョブ、ペイン、ゲインと、プロトタイプがそれらの問題をどのように解決するか。

　顧客のジョブ、ペイン、ゲインに限らず、彼らの発言をメモします。

　仮想環境の実験であるため、顧客は実生活でその製品を利用しているところを想像しなければなりません。そのため、顧客のフィードバックは比較的弱いエビデンスだと言えます。

●●●●●

模擬販売の売上
コンバージョン率は、「支払情報を入力した人の数÷価格を見た人の数」で求められます。

　支払情報の入力は非常に強いエビデンスです。

●●○○○

メールの登録者数
インタビュー協力者の中で、製品が市販されたときに知らせるための連絡先を教えてくれた人の数。

　顧客のメールアドレスはかなり弱いエビデンスですが、今後の実験で役立ちます。

スキル

デザイン／プロダクト

実物大のプロトタイプを作成するには、プロダクトとデザインのスキルが不可欠です。プロトタイプは完全に機能するものでなくてもいいし、さまざまな付属機能がついている必要もありません。ただ、顧客のインタラクションを調べるには忠実度が高くなければなりません。

要件

ソリューションのエビデンス

実物大のプロトタイプを検討するまえに、ソリューションが必要とされていることを示す十分なエビデンスが必要です。つまり、他の実験で市場における顧客の満たされていないジョブ、ペイン、ゲインのエビデンスを集め、忠実度の高い実験を行う準備が整っていなければなりません。

クラウドファンディング

p. 266

需要を創出し、より大規模に魅力性と存続可能性を検証する。

機能の購入

p. 226

実物大のプロトタイプに組み込む機能の優先順位を決める。

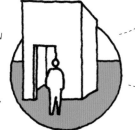

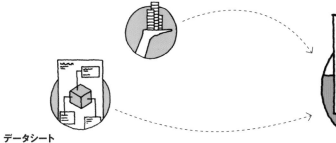

解説動画

p. 200

より多くの顧客に向けて価値提案とソリューションを説明した動画を作成する。

データシート

p. 190

実物大のプロトタイプに含める仕様を視覚化する。

実物大のプロトタイプ

模擬販売

p. 288

プロトタイプに触れた顧客の購買意欲を模擬販売で検証する。

顧客へのインタビュー

p. 106

顧客のジョブ、ペイン、ゲインを知るため、プロトタイプを利用してもらいながらインタビューを行う。

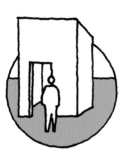

実物大のプロトタイプ

物理的空間の実証
Zoku

オランダ・アムステルダムに拠点を置く
Zoku（ゾク）は、おしゃれで居心地のいい宿
泊施設を提供する会社であり、「次世代の
Airbnb」と目されています。Zokuは仕事やプラ
イベートでアムステルダムに数日から数カ月間滞
在する顧客に対して、生活空間を貸し出していま
す。新たな市場を開拓する場合はいつもそうです
が、Zokuのチームもビジネスを実現するために
リスクの高い仮説を検証しなければなりませんで
した。

仮説

Zoku のチームが立てた仮説

旅行の頻度が多い顧客は、25 平方メートルの小さなアパートに数週間から数カ月滞在したいと思っている、と考えました。

実験

顧客に居住スペースに滞在してもらう

チームは実験用に小さなアパートを作り、顧客が数週間から数カ月滞在するかどうかを検証することにしました。実験には 150 人に参加してもらい、職場から現地へ送迎しました。

　参加者はこの実物大のプロトタイプを見学し、実際に滞在しました。Zoku チームは滞在中の顧客にインタビューをして、アパートの使い心地を聞きました。

エビデンス

居住スペースに関する
定性的なフィードバック

顧客に好評だったのは、空間を広く使うための工夫でした。部屋の仕切りは少なく、階段は収納型でした。寝るときは、棚から階段を引き出してロフト上の就寝スペースへと向かいます。階段を使わないときは、棚に収納しておきます。このエビデンスは、4〜5 人の顧客が一度に滞在したときに特に顕著でした。

インサイト

空間での体験は、空間の広さよりも重要

この実験は、プロトタイプの細かい点を理解するのに役立ちました。それは、通常の住まいの要素（寝室スペース、収納場所、バスルーム、台所など）をテトリスやレゴのように組み合わせると、セカンダリースペース（機能的要素）とプライマリースペース（動き回ったり、可動型の家具を置いたりできる生活空間）を区別できるということでした。

　チームは一連の検証において、「空間での体験」は空間の広さとは異なり、家具（就寝スペースのシャッター）、大きな窓、スマートライトによって見通しをよくするといい印象を与えるということを学習しました。

行動

清掃サービスで空間のフローを検証

チームは学習したことをもとに、清掃サービスを導入した別のプロトタイプ実験を行いました。これにより、ベッドエリアがロフト部分にあるため清掃しにくいなど、サービスを提供するうえでの具体的な課題を洗い出すことができました。

顧客実証／CTA

ランディングページ

価値提案を説明し、CTAが盛り込まれたシンプルなウェブページを作ります。

⬭ ●●○○○
コスト

⚖ ●●○○○
エビデンスの強さ

🕐 ●●○○○
準備時間

⏱ ●●●○○
実行時間

▦ ▷ ◁
魅力性　実現可能性　存続可能性

長所：価値提案が顧客セグメントの共感を呼ぶかどうかを判断できる。

✂ ⬡ ⁙ ✎ 🗄 🏷 📢 🔍 📊
スキル　デザイン／プロダクト／テクノロジー

準備

☐ 自分の業種に最適なテンプレートまたはレイアウトを選択する。

☐ ランディングページで使う高品質かつロイヤリティ・フリーの写真を探す。

☐ ブランドを強化する短くて覚えやすいドメイン名を購入する。希望するドメイン名がすでに使用されている場合は、名前の前に「try」や「get」などの動詞を追加する。

☐ Above the fold（スクロールしないで見ることができる領域）に価値提案の説明文を大きなフォントで表示する。ヘッダーサイズであることが望ましい。

☐ 説明文の下に新規登録のCTAを設置する。

☐ CTAの下に顧客のペインとソリューション、顧客のゲインを配置する。

☐ アナリティクスを組み込み、動作を確認する。

☐ ロゴ、ブランド、問い合わせ先、サービス利用規約、クッキーとプライバシーポリシーの情報を忘れずに掲載する。

実行

☐ ランディングページを公開する。

☐ アクセスを促す。

分析

☐ アナリティクスで以下の点を確認する。

・ ランディングページの閲覧数

・ メールアドレスの新規登録数

・ ページ滞在時間、ページ上での顧客行動（クリック、スクロールなど）

☐ トラフィックソースによってコンバージョンが異なるのか? 特定のソーシャルメディアの広告やメール・キャンペーンからの新規登録が多い場合、他のプラットフォームで再現できるのか?

☐ 分析結果をもとに価値提案を更新し、新規登録したユーザーにインタビューの協力を依頼する。

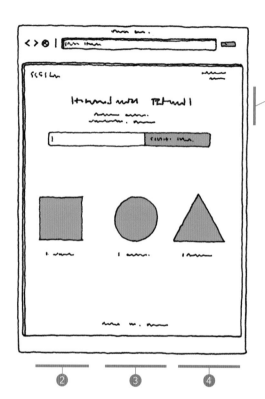

キャンバスとの関係

❶ **価値提案**はバリューマップから採用。これまでの作業から得られたことを無視して価値提案を作らないこと。バリューマップには仮説が含まれており、ランディングページで価値提案を検証することは、その仮説を実証または反証するよい方法です。

❷ **顧客のペイン**は顧客プロフィールから採用。ペインの上位3件とその説明をページの左下に掲載します。

❸ **ソリューション**はバリューマップの製品とサービスから採用。ページの訪問者に、具体的にどのように価値提案を提供するのかを伝えなければなりません。そのため、ページの中欄に製品とサービスを掲載します。

❹ **ゲイン**は顧客プロフィールから採用。ゲインの上位3件とその説明をページの右下に掲載します。

コスト

ランディングページは比較的安価に作成できます。デジタルツールが進化し、以前に比べてはるかに使いやすくなっているからです。見込み顧客に対して大規模に価値提案を検証するには、最もコストの低い方法の1つです。

準備時間

顧客のジョブ、ペイン、ゲインをわかりやすく短い表現で説明しなければならないため、ランディングページの作成は意外に難しいです。それでも、長くて数日で完成するでしょう。

実行時間

トラフィック量によるものの、数週間程度かかります。日々のトラフィックが少ない(ユニーク訪問者が100人未満など)場合は、十分な情報を集めるためにより長い期間が必要でしょう。

エビデンスの強さ

ユニーク閲覧数
ページの滞在時間
メールアドレスの登録数

コンバージョン率は、「アクションの回数÷閲覧数」で求められます。メール登録のコンバージョン率は、業種によって平均値が異なるものの、2〜5%でしょう。ただ、初期段階の実証実験では、10〜15%を目標にすべきです。平均を下回るようなら、新しいソリューションを開発する意味がありません。

　メールの登録数は、かなり弱いエビデンスです。誰もがフリーのメールアドレスを持っており、少しでも興味があれば気軽に登録します。登録解除も難しくないし、読みたくないメールをゴミ箱行きにするのも簡単です。

スキル

デザイン／プロダクト／テクノロジー

製品の価値を簡潔な言葉で顧客に伝えられなければ、本当は興味があるのに、興味がないと判断されてしまうかもしれません。もしそのようなスキルに自信がなかったとしても、がっかりすることはありません。多くのランディングページ・サービスでは、高品質のテンプレートが用意されており、ドラッグ&ドロップで簡単にページが作成できます。

要件

トラフィック

ランディングページは、エビデンスを生み出せるだけのトラフィック(1日100人程度のユニーク訪問者)が必要です。ランディングページへのアクセスを促す方法としては、以下のようなものがあります。

・オンライン広告
・ソーシャルメディア・キャンペーン
・メール・キャンペーン
・既存のトラフィックのリダイレクト
・口コミ
・オンラインフォーラム

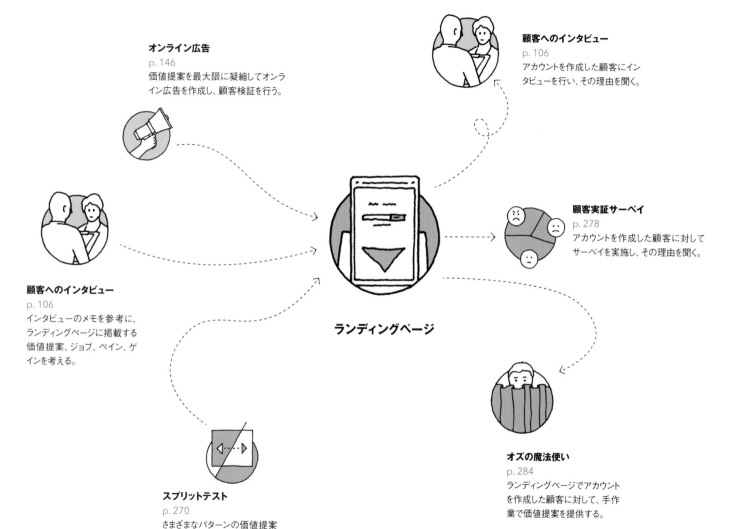

オンライン広告

p. 146

価値提案を最大限に凝縮してオンライン広告を作成し、顧客検証を行う。

顧客へのインタビュー

p. 106

アカウントを作成した顧客にインタビューを行い、その理由を聞く。

顧客へのインタビュー

p. 106

インタビューのメモを参考に、ランディングページに掲載する価値提案、ジョブ、ペイン、ゲインを考える。

ランディングページ

顧客実証サーベイ

p. 278

アカウントを作成した顧客に対してサーベイを実施し、その理由を聞く。

スプリットテスト

p. 270

さまざまなパターンの価値提案を考え、顧客の反応を確かめる。

オズの魔法使い

p. 284

ランディングページでアカウントを作成した顧客に対して、手作業で価値提案を提供する。

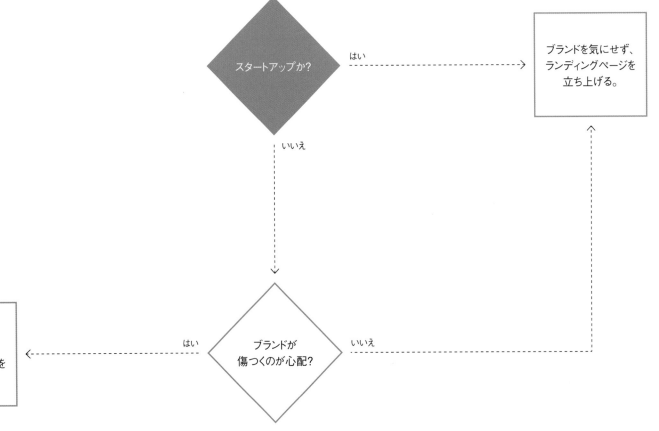

ブランディングに対する懸念

大企業の社員であれば、ランディングページをどうブランディングするかは悩ましい問題でしょう。スタートアップならば、そのような心配をすることなく実験を行うことができます。彼らが立ち上げたランディングページでユーザーが新規登録するのは、スタートアップのブランドに魅力を感じたからではありません。自分が抱えている問題の解決に、スタートアップの製品が役に立つかもしれないと考えたからです。

　会社の方針でランディングページの目立つところにブランドロゴを掲載しなければならないとしたら、新事業に挑戦するチームは困ったことになります。ブランディングやマーケティングの面で問題がないか確認をとるのは、数カ月でないにしても、数週間程度実験プロセスを遅らせるし、顧客は製品そのものではなくブランドにひかれてページを訪れてしまいます。すべてのトラフィック・ノイズをふるいにか

けて、どの顧客が新事業の価値提案に本当に興味を持っているのかを見極めるのは困難です。

　そんなときは、サブブランドを立ち上げたり、新会社を設立したりしてビジネスアイデアを検証しましょう。これにより、ブランディングや顧客が新規登録した場合の対応を延々と議論することなく、速やかにアイデアを検証できます。しかし、このアプローチには既存のブランドチャネルを利用できないというデメリットもあります。そのため、広告掲載、顧客へのインタビュー、ソーシャルメディア・キャンペーンを駆使して、自力で顧客を獲得しなければなりません。

○

- ☐ 顧客へのインタビューで聞いた言葉を見出しに使う。
- ☐ 新規登録した顧客に連絡し、インタビューを依頼する。
- ☐ 高品質の写真や動画を使用する。
- ☐ 短いドメイン名を使う。

✕

- — コンバージョンを得るために、顧客の意見を捏造する。
- — まだ製造していない製品に対して、「売り切れ」と表示する。
- — 実現不可能なソリューションを宣伝する。
- — ネガティブな言葉や辛辣な言葉を使う。

ランディングページ

265

CTA

顧客実証／CTA

クラウドファンディング

プロジェクトやベンチャービジネスの資金を集めるために、通常はインターネットを介して、不特定多数の人から小口の資金を募ります。

⬤ ●●●●●	⚖ ●●●○○
コスト	エビデンスの強さ
🕐 ●●●●○	⏱ ●●●●○
準備時間	実行時間

魅力性　実現可能性　存続可能性

長所：価値提案を支持している顧客から新事業の資金提供を受けられる。

短所：新事業が実現可能かどうかを判断できない。

スキル　デザイン／プロダクト／マーケティング／財務

準備

☐ 目標金額を設定する。製品を作るためのすべての活動で必要な資金を現実的かつ具体的に考える。

☐ 既存のクラウドファンディング・プラットフォームを使うか、自社でウェブサイトを作成するかを決める。

☐ クラウドファンディング用の動画を作成する。視聴者が資金提供したいという気にさせる内容と品質でなければならない。

☐ 動画の下部に価値提案の説明文を掲載する。ヘッダーサイズのフォントであることが望ましい。

☐ 動画の右側に明確な言葉で資金集め用のCTAを設置する。

☐ 価値提案の下に顧客のペインとソリューション、そしてゲインを掲載する。

☐ 提供金額に応じた特典を掲載する。

実行

☐ ページを公開して、クラウドファンディング・キャンペーンを開始する。

☐ ページへのアクセスを促す。

☐ ソーシャルメディアやキャンペーンページでユーザーの質問に対して積極的に回答する。

分析

☐ 応募人数、各人の提供金額、目標金額に到達したかを振り返る。

☐ 目標を達成しなかったら、計画を練り直してキャンペーンを繰り返す。

☐ 目標を達成したら、支援者にその後の進展をソーシャルメディアやメールで報告し続ける。

☐ トラフィックソースごとのコンバージョンの違いはどのくらいか？　たとえば、特定のソーシャルメディアの広告やメール・キャンペーンが支援者の募集に有効であることがわかったら、製品が完成して販売する際もそのメディアを利用する。

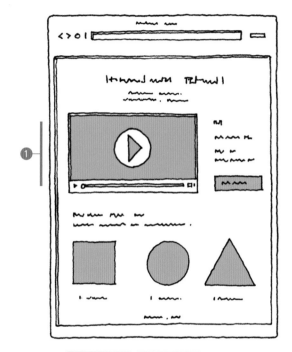

O

☐ クラウドファンディング・プラットフォームに手数料として引かれる金額を計算に入れる。

☐ 目標に到達しない場合は寄付者に返金する。

☐ 支出の内訳を明確にし、寄付金の使用目的を包み隠さず伝える。

✕

－ 特典を充実させるあまり、製品そのものより特典の準備に多くの時間を費やしてしまう。

－ 製品の製作に必要な資金よりも多くの資金を集めようとする。

－ 動画制作で手抜きをする。

－ 実現不可能な製品のメリットを宣伝する。

クラウドファンディング

267

CTA

キャンバスとの関係

① 動画は、ストーリーを語るようにすること。**顧客プロフィール**のジョブ、ペイン、ゲインが、この製品でどのように解決するのかを説明します。

② ⬗ **ペイン**は顧客プロフィールから採用。顧客のペインの上位3件をキャンペーンページの左下に掲載します。

③ **ソリューション**はバリューマップの製品とサービスから採用。ペインの横に、見込み支援者に理解してもらえるように記述します。

④ ⬗ **ゲイン**は顧客プロフィールから採用。顧客のゲインの上位3件をキャンペーンページの右下に掲載します。

コスト

クラウドファンディングでかかる費用は主に、動画制作、マーケティング、キャンペーンの運営で発生します。クラウドファンディング専用のプラットフォームが提供されていますが、顧客の興味を集めるには信用度の高いものでなければなりません。

準備時間

数週間から数カ月かかります。説得力のある高品質の動画や価値提案を伝えるコンテンツを作成したり、寄付金の区分や特典を決定したりするのはかなり時間がかかります。

実行時間

通常30〜60日かかります。もっと早く終わる場合もあり、開始数日で目標金額に到達することもありますが、あくまでも例外です。

⚖ ●●○○○

エビデンスの強さ

●●○○○

紹介者数
ユニーク閲覧数
コメント数
ソーシャルメディアのシェア数

どのルートを経由してユーザーがこのページを訪れたのか。キャンペーンにどう反応したのか。

　閲覧数、コメント数、シェア数はどれも弱いエビデンスですが、定性的インサイトとしては有益です。

●●●●●

支援者数
支援総額

ページの閲覧者がどうコンバージョンしたのか。支援者の最低6%は直接トラフィックから、最低2%はオンライン広告からであることが望ましいです。

　目標金額の100%が達成されることが理想であり、アイデアに必要な資金が集まったことになります。

　閲覧者が支援してくれたということは非常に強いエビデンスです。彼らは単に言葉でなく、資金提供という形でビジネスアイデアへの支持を表明したのです。

スキル

デザイン／プロダクト／マーケティング／財務

クラウドファンディングの人気により、プラットフォームが増加したため、キャンペーンを行うために専門の開発チームを組織する必要はなくなりました。それでも、魅力的な特典を用意し、市場における認知度を高め、信頼できるキャンペーンを行わなければなりません。質の高いコンテンツを作成するには、デザインスキルが重要になります。出来の悪いコンテンツでは、本当は価値提案に興味があるのに、興味がないと判断されてしまうかもしれません。キャンペーンから持続可能なビジネスを築くためには、支援額に対する特典を適切に設定する財務スキルが必要になります。

要件

価値提案と顧客セグメント

キャンペーンを行うまえに、高水準の動画を作成できるだけの明確な価値提案と顧客セグメントが必要です。クラウドファンディングには動画がつきものであり、動画がないキャンペーンの成功率はかなり低いです。また、アクセスを促すには、ターゲット顧客を明確にしておかなければなりません。

オンライン広告
p. 146
オンライン広告でクラウドファン
ディングへのアクセスを促す。

顧客へのインタビュー
p. 106
参加者に連絡し、インタビュー
を行う。

ソーシャルメディア・キャンペーン
p. 168
クラウドファンディングの宣伝にソー
シャルメディアを利用する。

単一機能の MVP
p. 240
MVPを作成し、顧客検証を行う。

クラウドファンディング

ランディングページ
p. 260
ランディングページを作成し、ク
ラウドファンディングへのアクセ
スを促す。

メール・キャンペーン
p. 162
キャンペーン後の最新情
報を参加者に報告する。

クラウドファンディング

269

C
T
A

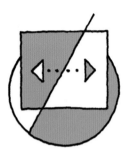

顧客実証／CTA

スプリットテスト

コントロール（統制群）AとバリアントB（比較対象群）を比べて、どちらが効果
的かを検証します。

◖ ●●○○○
コスト

⚖ ●●●○○
エビデンスの強さ

⊞ ◹◓
魅力性　実現可能性　存続可能性

🕐 ●●○○○
準備時間

⏱ ●●●○○
実行時間

長所：複数の価値提案、価格、特徴を顧客に提示して、どれが最も共感され
るかを見極めることができる。

✂🧊⚙✎🗄🏷📢🔍🥧
スキル　デザイン／プロダクト／テクノロジー／データ

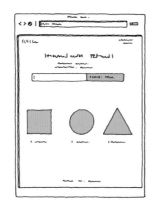
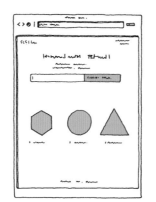

準備

- ☐ 改善したい顧客行動を決定する（例：購入に至るまでの行動など）。
- ☐ コントロール（統制群）Aを作成する。
- ☐ コントロールAの基準値を決め、記録しておく。
- ☐ バリアント（比較対象群）Bを作成する。
- ☐ バリアントBで目標としたい改善率を定義する。
- ☐ 目標とする顧客のサンプルサイズと、数値が信頼できると判断できる信頼水準を決定する。

実行

- ☐ ランダムにトラフィックの50%にコントロールA、残り50%にバリアントBが表示されるように設定し、実験を行う。

分析

- ☐ サンプルサイズが満たされたら、信頼水準に達したかどうかを確認する。
- ☐ 信頼水準に達したか？
  - ・達していたら、コントロールAをバリアントBに置き換えることを検討する。
  - ・達していなかったら、別のバリアントBでもう一度検証する。

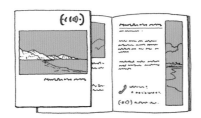
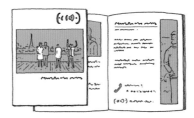

○

- ☐ 顧客のインタビューで聞いた発言をスプリットテストに取り入れる。
- ☐ コンバージョンした顧客に連絡を取り、製品を気に入った理由を確認する。
- ☐ スプリットテスト用の計算ツールを使い、信頼水準に達するために必要なサンプルサイズを見極める。
- ☐ 特に最初のうちは、まったく異なるアイデアのスプリットテストを行う（差が小さいものを検証するよりも多くのインサイトが得られる）。

✕

- − 中間集計に満足して、または不満を抱いて実験を中止してしまう。
- − KPI（重要業績評価指標）が下がるのを見たくないので、KPIを測定しない。
- − 多くのバリアントを作成して一度にテストを行ったり、スプリットテストを別の実験と同時に行ったりする。
- − 最初のスプリットテストで目覚ましい結果が得られなかったので、もう二度と行わない。

コスト

費用はあまりかかりません。オンラインで入手可能なツールは、プログラミングの知識がなくても利用できます。プログラミングのスクリプトを自分のウェブページやアプリにコピー&ペーストして、プロダクトにログインし、スプリットテストを設定します。ワープロソフトでドラッグ、ドロップ、タイプすることに似ています。カスタマイズされたハードウェアを組み立てる場合や、パンフレットを印刷する場合は、2種類のバージョンを物理的に作成して、顧客検証を行わなければならないので、費用が高くなります。

準備時間

特にデジタルプロダクトの場合は、既存のスプリットテスト用ツールを利用できるので、準備時間は比較的短いです。物理的な製品を2種類作成する場合は、少し時間がかかります。

実行時間

ABどちらの結果がいいかについてのインサイトを得るには、統計的に意味のあるデータを集めなければなりません。そのための期間として、数日から数週間必要になります。

エビデンスの強さ

●●●○○

トラフィック
コントロールAのコンバージョン
（顧客の行動）
コントロールAのコンバージョン率
コンバージョン率は、「コンバージョン数÷コントロールAに流入したユーザー数」で求められます。可能であれば過去のデータを使い、コンバージョン率を予想します。

●●●○○

バリアントBのコンバージョン（顧客の行動）
バリアントBのコンバージョン率
コンバージョン率は、「コンバージョン数÷バリアントBに流入したユーザー数」で求められます。バリアントBへの期待値を定義しておきます。

顧客がスプリットテストに参加していることに気づいていないなら、エビデンスの強さは中程度です。信頼水準は最低80％、理想は98％以上ですが、何を検証するかで異なります。スプリットテスト用の計算ツールを利用して、実験の負担を減らしましょう。

スキル

デザイン／プロダクト／テクノロジー／データ
実験を行うには、検査対象を特定して、コントロールAの予想基準値やバリアントBの改良点を定義できなければなりません。テーマに沿ったプロダクトがデザインできなければ、本当は興味があるのに、興味がないと判断されてしまうかもしれません。また、ソフトウェアを使うならそれを使いこなせるだけの知識が必要です。さらに、次の実験に活用するため、結果を分析できなければなりません。

要件

一定量のトラフィック
信頼性の高いエビデンスを得るには、かなりのトラフィックが必要になります。スプリットテストでは、コントロールAかバリアントBをランダムに顧客に提示します。トラフィックが少なければ、両者のパフォーマンスの違いを判断するまでに時間がかかるでしょう。

メール・キャンペーン
p. 162
メールの件名、キャッチコピー、画像が開封率やクリック率に与える影響を検証する。

ランディングページ
p. 260
価値提案やCTAの違いがコンバージョンに与える影響を検証する。

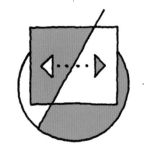

顧客へのインタビュー
p. 106
コンバージョンの理由を知るため、顧客へのインタビューを実施する。

顧客へのインタビュー
p. 106
インタビューでの顧客の意見をスプリットテストのバリエーション作成に取り入れる。

スプリットテスト

オンライン広告
p. 146
画像やキャッチコピーを変えた複数のオンライン広告を作成し、クリックスルー率の変化を調べる。

パンフレット
p. 194
異なるパターンの画像や価値提案のパンフレットを作成し、コンバージョンの違いを検証する。

顧客実証／CTA

先行販売

商品が市販されるまえに試しに販売してみます。模擬販売との違いは、商品
出荷の際に決済処理が発生することです。

💰 ●●●○○
コスト

⚖ ●●●●●
エビデンスの強さ

🕐 ●●○○○
準備時間

⏱ ●●●○○
実行時間

🏢 ✈ 🎯
魅力性　実現可能性　存続可能性

長所：一般販売を開始するまえに、小さな規模で市場の需要を測ることがで
きる。

✂ 📦 ⋯ ✎ 🗄 🏷 📢 🔍 📊
スキル　デザイン／セールス／財務

準備

- ☐ ランディングページを作成する。
- ☐ 価格オプションをページに追加する。
- ☐ 価格オプションをクリックすると、決済情報入力フォームとともに「本製品はまだ一般販売されていません」というポップアップが表示されるようにする。商品の発送が完了するまでクレジットカードの決済処理は行われない。
- ☐ アナリティクスを組み込み、正しく動作するかを確認する。

実行

- ☐ ランディングページを公開する。
- ☐ ページへのアクセスを促す。

分析

- ☐ アナリティクスで以下の点を振り返る。
  - ・価格オプションの閲覧数
  - ・価格オプションのクリック数
  - ・決済情報の登録数
  - ・発送完了とともに料金が請求される先行販売商品のクリック数
  - ・購入フローの途中でやめた人数（アナリティクスのファネル分析などを行う）
  - ・トラフィックソースごとのコンバージョン数
- ☐ 存続可能性の測定に実験結果を利用し、価値提案と価格オプションを更新する。

キャンバスとの関係

- ☐ ビジネスモデル・キャンバスの収入の流れをもとに価格オプションを決める。

コスト

あまりかかりません。ただ、模擬販売とは違い、決済処理と商品発送の追加費用がかかります。POSシステムを使用する場合は、専用のハードやソフトを購入しなければなりません。また、大半の決済システムは、売上の2〜3%を徴収し、さらに月々の手数料も請求する場合もあります。

準備時間

あまりかかりません。商品が発送間近になったら、支払情報を受け取って処理する設定が必要になります。

実行時間

数日から数週間かかります。特定の顧客をターゲットとし、購入を検討してもらうための時間です。先行販売の実施期間は通常あまり長くありません。決済代行会社が、購入の20日以内に商品の発送を求めることがあるからです。

エビデンスの強さ

●●●●●

ユニーク閲覧数
購入数
購入のコンバージョン率は、「購入数÷価格を見た人数」で求められます。

商品の一般販売前に顧客の購入意思がわかるので、購入数は強いエビデンスになります。

●●●●●

購入断念数
オンラインのショッピングカートに一度入れてから削除するなど、顧客が購入プロセスの途中で離脱した場合、購入が中止されたということになります。

断念率は、「購入手続き未完了の数÷購入手続きを開始したユーザーの数」で求められます。

離脱したユーザーの存在は悪い兆候ですが、プロセスの欠陥や価格の不適切さを示しているので、強いエビデンスです。

スキル

デザイン／セールス／財務
先行販売の実施には、価格オプションの設定が必要です。また、ターゲット顧客に対して適切な忠実度になるように販売をデザインしなければなりません。さらに、対面販売をする場合は、セールスのスキルが求められます。

要件

実際に商品を届ける能力
先行販売は模擬販売と異なり、支払情報の収集・処理と実際の商品販売が必要になります。つまり、完成に近いソリューションの提供か、少なくともMVPの提供に近い実験でなければならないということです。顧客に約束したものを届けられる確証がないまま、焦って複数の商品を先行販売しないように注意しましょう。

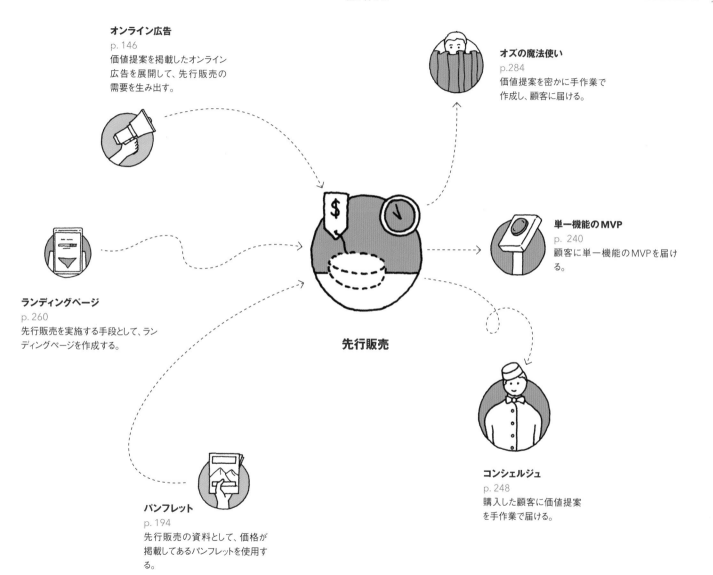

オンライン広告
p. 146
価値提案を掲載したオンライン
広告を展開して、先行販売の
需要を生み出す。

オズの魔法使い
p.284
価値提案を密かに手作業で
作成し、顧客に届ける。

ランディングページ
p. 260
先行販売を実施する手段として、ラン
ディングページを作成する。

単一機能のMVP
p. 240
顧客に単一機能のMVPを届け
る。

先行販売

パンフレット
p. 194
先行販売の資料として、価格が
掲載してあるパンフレットを使用す
る。

コンシェルジュ
p. 248
購入した顧客に価値提案
を手作業で届ける。

先
行
販
売

277

C
T
A

顧客実証／CTA

顧客実証サーベイ

あるトピックについて選択式アンケートを行って顧客の意見を集めます。

○ ●●○○○	⚖ ●●○○○○
コスト	エビデンスの強さ

🕐 ●●○○○	⏱ ●●●○○
準備時間	実行時間

🔲 ▷◓ 魅力性　実現可能性　存続可能性

長所：顧客実証サーベイは、自社の製品がなくなった場合に顧客が失望するかどうか、製品を他の顧客に紹介するかどうかなどを調べるのに向いている。

スキル　プロダクト／マーケティング／リサーチ

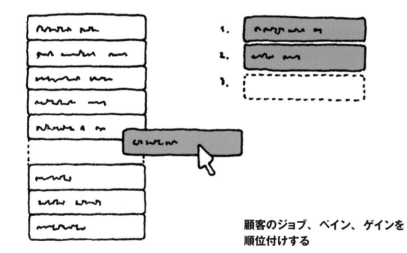

顧客の満たされていない
ジョブ、ペイン、ゲインを発見する

各順位付けのあとに顧客発見サーベイのように自由回答欄を設けて、以下のような質問をすれば、ジョブ、ペイン、ゲインの見逃しが防げます。

・このリストに載っていないジョブはありますか？　その理由も教えてください。
・このリストに載っていないペインはありますか？　その理由も教えてください。
・このリストに載っていないゲインはありますか？　その理由も教えてください。

その他の顧客実証サーベイ
顧客実証サーベイは選択回答形式の非常にシンプルなアンケートです。この点を念頭に置いて、以下のような仮説の検証にも顧客実証サーベイを利用できます。

・CSAT（顧客満足度）
・CES（顧客努力指標）
・ブランド認知度

顧客のジョブ、ペイン、ゲインを
順位付けする

顧客実証サーベイは、顧客プロフィールのジョブ、ペイン、ゲインの重要度を確認する際にも役に立ちます。大抵のチームはまず社内のワークショップ環境で見当をつけ、それから実際の顧客の意見を聞いてランキングを確認・修正します。今日の多くのサーベイソフトでは、顧客がジョブ、ペイン、ゲインの候補から、上位3件を選ぶようなことが簡単に行えます。

ショーン・エリス・テスト
「この製品を使えなくなったら、どのくらい残念に
思いますか?」

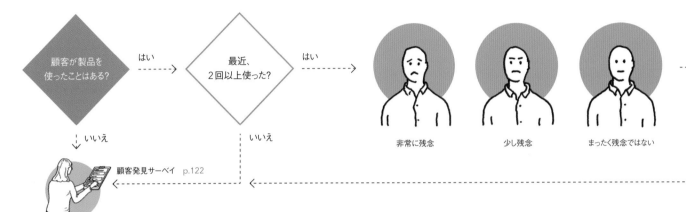

非常に残念   少し残念   まったく残念ではない

顧客発見サーベイ　p.122

ショーン・エリス・テスト

サーベイの一種に「ショーン・エリス・テスト」が
あります。これは、グロースハックの専門家で
あるショーン・エリスが開発したものです。彼の
アプローチは、製品の希少性を通してその魅
力性を測定することです。

　ショーン・エリス・テストでは、1つの重要な
質問をします。「この製品が使えなくなったら、
どのように思いますか? 『非常に残念』、『少
し残念』、『まったく残念ではない』の3つから
近いものを選んでください」

　「非常に残念」と答えた顧客が40%以上な
ら、製品と市場のフィットが実現していると言え
ます。顧客がこの製品に無関心で使えなくなっ

ても構わないとしたら、魅力性に問題があるこ
とになります。フィットを実現しないまま、生産
を拡大しても意味がありません。誰もほしがらな
い製品開発に資金を費やすことになるからで
す。

　ショーン・エリス・テストの実施にはコンテクス
トが重要です。顧客が価値提案を経験した直
後にこのテストを実施しても、有効なデータは
得られません。まだ十分に体験していない製品
に特別な感情を抱く顧客がどこにいるでしょう?

　その一方で、過去6カ月以内に製品を使っ
ていない顧客に対してこのサーベイを行うのも
意味がありません。顧客としてすでに失われて
しまって、サーベイにも応じてくれない可能性が

あるからです。

　以上のことから、ショーン・エリス・テストで製
品の魅力性を測定する場合は、過去2週間以
内に2回以上その製品を使ったことがある顧客
を対象にしましょう。

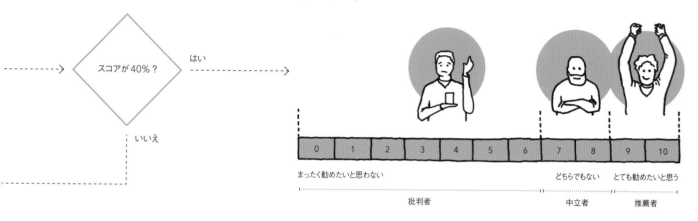

NPS（ネット・プロモーター・スコア）
「この製品を友人や同僚に勧めたいとどのくらい
思いますか?」

スコアが40%？　はい

いいえ

まったく勧めたいと思わない　どちらでもない　とても勧めたいと思う

批判者　中立者　推薦者

NPS

NPSは、世界中の企業で最もよく使われる指標です。

　NPSサーベイでは、「この製品を友人や同僚に勧めたいとどのくらい思いますか？　0（まったく勧めたいと思わない）～10（とても勧めたいと思う）で答えてください」と顧客に質問します。

　NPSのスコアは以下の式で求められます。

$$推薦者の割合－批判者の割合＝NPS$$

　ショーン・エリス・テストと同様に、NPSサーベイもいつの時点で実施するかが重要になります。顧客は友人や同僚に製品を勧めるまえに、その製品で何か意義のあることを体験していなければなりません。興味があるだけでは、他人に勧めたいと思いません。また、勧めたいと思うと回答しているのに、製品が使えなくなっても残念に思わないと回答する顧客は信憑性が高くありません。NPSサーベイはショーン・エリス・テストのあとに行いましょう。

　製品を勧めたいのに使えなくなっても残念に思わない人の矛盾した回答をうのみにして、ビジネスの拡大をすることは避けなければなりません。

コスト

すでに顧客に接触できるチャネルを持っているはずなので、顧客実証サーベイのコストはあまりかかりません。今では多くのサービスやツールが出回っており、顧客が特定の行動を起こしたら、ポップアップやメールを介してウェブ上のアクティブ顧客にコンタクトすることができます。

準備時間

サーベイの設定に数時間から1日程度の時間がかかります。

実行時間

大勢の顧客に接触できるサーベイ用の配信チャネルがあれば、1〜3日程度で何千件ものレスポンスを得られるでしょう。顧客への接触が困難な場合は、十分なレスポンスを得るのに数週間かかります。

エビデンスの強さ

●●○○○○

どのくらい残念に思うか？
残念に思うという回答者の割合
事業拡大のまえに、ショーン・エリス・テストで40％以上の人が「残念に思う」と回答することが望ましいです。そうでなければ、新規登録しても離反してしまうでしょう。
　サーベイのデータはかなり弱いエビデンスです。商品がなくなる可能性をほのめかすことで、より正確な回答が得られるでしょう。

●○○○○○

他人に紹介したいか？
紹介の見込み率
業種によって違いはあるものの、NPSが0％以上ならよいと見なせます。自分の業種の基準値を調べておきましょう。
　NPSサーベイのデータは、仮定の状況に対する回答なので、ショーン・エリス・テストよりも弱いエビデンスです。

●●○○○○

ジョブ／ペイン／ゲインのランキング
顧客プロフィールとの一致率
一致率が悪いと戦略全体にマイナスの波及効果を与えるため、一致率80％を目指しましょう。
　一致率はかなり弱いエビデンスですが、もっと踏み込んだ実験を行うまえの重要なステップです。

スキル

プロダクト／マーケティング／リサーチ
顧客実証サーベイは、適切な言葉を選び、トーンや構成に注意して質問を作成しなければなりません。アンケートの対象は既存顧客であるため、セグメントとサブセグメントを特定し、データのノイズを取り除く必要があります。

要件

定量的な参考資料
顧客実証サーベイは、ある状況、価格、機能に対する顧客の反応を確認することを目的としています。顧客の反応を定量的に測定するには、彼らが反応する何かが用意されていなければなりません。

既存顧客へのチャネル
顧客実証サーベイは既存顧客を対象にしています。そのため、既存のチャネル――オンライン（ウェブサイトやメールなど）であれ、オフライン（ダイレクトメールや紙の資料など）であれ――が使えるかどうかを確かめておかなければなりません。

ランディングページ

p. 260

既存のランディングページを利用して、そこにサーベイを載せたり、アクセスしているユーザーにサーベイを実施したりする。

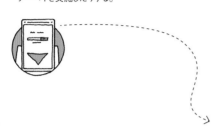

紹介制度

p. 172

サーベイでわかったことを紹介制度のデザインに取り入れる。

顧客発見サーベイ

p. 122

スコアが低い場合は顧客発見サーベイを行い、顧客の満たされていないニーズを把握する。

単一機能のMVP

p. 240

顧客実証サーベイを行うまえに、顧客に価値を繰り返し提供する。

顧客実証サーベイ

オズの魔法使い

p. 284

顧客実証サーベイを行うまえに、顧客に手作業で密かに価値を提供する。

顧客へのインタビュー

p. 106

スコアが低い顧客に連絡をして、満たされていないニーズについてインタビューをする。

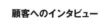

顧客実証サーベイ

283

C
T
A

顧客実証／シミュレーション

オズの魔法使い

手作業で顧客体験を生み出し、価値を届けます。映画『オズの魔法使い』では、魔法使いの正体はカーテンの裏に隠れた人間でした。この手法は同作にちなんで名づけられました。コンシェルジュと違い、顧客は関係者の存在を確認できません。

⊖ ●●○○○
コスト

⚖ ●●●●●
エビデンスの強さ

🕐 ●●●○○
準備時間

⏱ ●●●○○
実行時間

🎛 ▷✉⊘
魅力性　実現可能性　存続可能性

長所：価値の創造、獲得、提供に必要な手順を直に学べる。

短所：製品やビジネスの規模を拡大するのには向いていない。

✂ 🎁 ⚙ ⚒ 🗄 🖊 📣 🔍 🥧
スキル　デザイン／プロダクト／テクノロジー／法務／マーケティング

規模の拡大の判断基準

オズの魔法使いは、ソリューションの規模拡大時期を見誤るという問題に対処できます。手作業で行ってきたプロセスを自動化したほうが理に適う製品の個数を決め、規模拡大の判断基準とするといいでしょう。

　エンド顧客に手作業で価値を提供するまでに15分以上かかる場合は、以下の点を考えてみましょう。

1. 1日に何人の顧客のリクエストに応えられるか?
2. 1つの価値を提供するためのコストはどのくらいか(コスト構造)?
3. 顧客が払ってくれる金額は最大でいくらか(収入の流れ)?
4. 何個以上から作業を自動化するメリットがあるのか?

　私たちは、製造プロセスの自動化を急いで資金を無駄にしてしまう起業家を何度も見てきました。手作業による価値提供に上限を設ければ、自動化をより計画的に行うことができるでしょう。ただし、まったく上限に達しない場合は、一歩引いて戦略を見直したほうがいいかもしれません。

準備

☐ 手作業による商品作成の手順を決める。

☐ 注文数とプロセス状況を記録する掲示板を用意する。

☐ 社内で各手順が機能するかを確認する。

☐ ウェブアナリティクスを組み込み、動作を検証する。

実行

☐ 注文を受ける。

☐ 商品を作成し、顧客に提供する。

☐ 注文ごとの状況と、タスク完了までにかかった時間を掲示板に書く。

☐ 顧客にインタビューやサーベイを実施し、フィードバックを集める。

分析

☐ 顧客のフィードバックを振り返る。

☐ 以下の点を振り返る。
・タスク完了までにかかった時間
・どの手順で遅れがあったか
・販売数

☐ 分析内容をもとに実験を改善する。場合によってはプロセスの自動化を検討する。

コスト

実験がシンプルなもので規模が小さければ、費用はかかりません。すべての作業を人間が行い、機械を使う必要がほとんどあるいはまったくないからです。実験の規模が大きくなったり、複雑になったりすると、その分費用がかかります。

準備時間

全行程を考え、顧客を集めなければならないので、他のプロトタイプ実験よりも少し長くかかります。

実行時間

プロセスの複雑さや実験の参加人数にもよりますが、数日から数週間かかります。通常、他のプロトタイプ実験よりも長いです。

エビデンスの強さ

●●●●●

顧客満足度
商品を受け取った顧客がどれだけ満足したか。

　顧客満足度は強いエビデンスです。仮定の状況ではなく、顧客に実際に価値を提供し、フィードバックをもらうからです。

●●●●●

購入数
実験で顧客が購入した商品の数。手作業で提供される価値に対し、いくらまでなら支払ってもらえるのか。

　手作業による価値提供であったとしても、購入数は強いエビデンスです。

●●●●●

プロセス完了までの時間
リードタイムは、顧客の注文を受けてから、商品を届けるまでに費やした時間の合計。

　サイクルタイムは、リクエストに応じるために費やされた時間。リクエストが入ってから対応するまでの状態の時間は含まれません。

　プロセス完了までの時間は非常に強いエビデンスです。注文を受けてから価値を提供するまでに必要なステップを直接体験して得た情報だからです。

スキル

デザイン／プロダクト／テクノロジー／法務／マーケティング
商品を手作業で作成し、顧客に提供できなければなりません。求められるスキルは、エンド顧客に届けるものが、物理的な製品かデジタルプロダクトか、あるいはサービスなのかによって大きく変わります。

要件

時間
最大の要件は時間であり、その後に顧客と作業現場を隔てる「デジタルカーテン」が続きます。コンシェルジュと同じく実験に時間を要しますが、一方で異なるのは、作業をしているところを顧客に見せないという点です。このデジタルカーテンにはいくつかの形態が存在しますが、最もよく使われるのはランディングページであり、注文の受付や価値の提供はランディングページを通して行われます。

機能のスタブ

p. 156

既存のプロダクト内部に機能の
スタブを作成し、オズの魔法使い
実験のファネルとして利用する。

マッシュアップ

p. 244

既存のテクノロジーでオズの
魔法使い実験のプロセスを
自動化する。

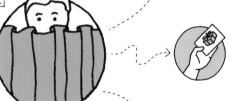

紹介制度

p. 172

オズの魔法使い実験で満足した
顧客が製品を友人に紹介するか
どうかを確認するため、紹介制度
キャンペーンを実施する。

パンフレット

p. 194

CTA 付きのパンフレットを配布し、オ
ズの魔法使い実験のファネルとして
利用する。

オズの魔法使い

ランディングページ

p. 260

オズの魔法使い実験に対する興
味を集めるため、ランディングペー
ジを作成する。

クラウドファンディング

p. 266

すべてのプロセスを自動化し
た拡張性のある製品を作る
資金集めのため、クラウドファ
ンディング・キャンペーンを実
施する。

オズの魔法使い

287

シミュレーション

顧客実証／シミュレーション

模擬販売

決済することなく、製品の販売を疑似的に実施します。

🪙 ●●○○○
コスト

⚖ ●●●●○
エビデンスの強さ

🕐 ●●○○○
準備時間

⏱ ●●●○○
実行時間

魅力性　実現可能性　存続可能性

長所：さまざまな小売価格を検証できる。

スキル　デザイン／セールス／財務

オンラインでの検証

準備

☐ ランディングページを作成する。

☐ 価格オプションを掲載する。

☐ 価格オプションをクリックすると、「まだ準備ができていません」というメッセージと新規登録フォームが表示されるようにする。

☐ ウェブアナリティクスを組み込み、動作を確認する。

実行

☐ ランディングページを公開する。

☐ アクセスを促す。

分析

☐ アナリティクスで以下の顧客行動を調べる。

・価格オプションの閲覧数

・価格オプションのクリック数

・新規登録数

・購入フローから離脱した人数（アナリティクスのファネル分析などを行う）

・トラフィックソースごとのコンバージョン数

☐ 分析結果をもとに、存続可能性を測定し、価値提案と価格オプションを修正する。

キャンバスとの関係

☐ 価格オプションは、ビジネスモデル・キャンバスの収入の流れをもとに決定する。

実店舗での検証

準備

☐ 忠実度の高い物理的なプロトタイプを作成する。

☐ 実験の目的と期間を店長と従業員に伝えて、理解を得る。

実行

☐ プロトタイプを棚の目立つ場所に配置する。

☐ どの顧客がプロトタイプを確認し、手に取り、買い物かごに入れたのかを観察して、メモを取る。

☐ 顧客が代金を支払う直前に、プロトタイプが非売品であることを説明する。

☐ なぜプロトタイプを買いたいと思ったのか、実際に発売されたら買いたいと思うかを顧客に聞く。

☐ 迷惑をかけたことの埋め合わせにギフト券を渡す。

分析

☐ フィードバックのメモを振り返る。

☐ 以下の顧客行動を調べる。

・プロトタイプが目にとまった回数

・買い物かごに入った回数

・レジまで持って行かれた回数

・発売されたときのために連絡先を提供してくれた顧客の数

☐ 学習したことをもとに、価値提案と製品のデザインを改善する。

模擬販売

シミュレーション

コスト

製品の価格検証だけなので、費用はあまりかかりません。デジタルであれ、物理的なものであれ、顧客に見せることができるレベルのプロトタイプを作成します。

準備時間

数時間から数日かけて、価値提案を届けられるプラットフォームを作ります。

実行時間

数日から数週間かかります。ターゲット顧客に見本を見せて、購入を検討してもらう期間です。

⚖ ●●●●○
エビデンスの強さ

●●○○○

ユニーク閲覧数
価格オプションのクリック数
コンバージョン率は、「価格オプションのクリック数÷価格を見たユーザーの数」で求められます。

　価格オプションのクリック数は比較的強いエビデンスですが、メール登録数や支払情報の入力ほど強くはありません。

●●●○○

メール登録数
コンバージョン率は、「メール登録数÷価格を見たユーザーの数」で求められます。

　メール登録数は比較的強いエビデンスですが、支払情報の入力ほど強くはありません。

●●●●●

支払情報入力件数
コンバージョン率は、「支払情報を入力したユーザーの数÷価格を見たユーザーの数」で求められます。

　支払情報の入力は非常に強いエビデンスです。

スキル

デザイン／セールス／財務
価格オプションを決定するには財務モデリングのスキルが必要であり、ターゲット顧客にとって適切なプロトタイプを作成するにはデザインスキルが必要です。さらに、特にオフライン販売を行う場合は、セールススキルが必要になります。

要件

価格戦略
顧客にいくらまでなら製品を購入するかを聞いても、有効なエビデンスは得られません。顧客の発言と行動にはギャップがあるからです。その代わりに、複数の価格を提示して、顧客の反応を確かめる必要があります。また、検証で極端に安い価格を提示してしまうと、実際には提供できないものに対しポジティブな反応を得ることになってしまいます。価値のある結果を得るためには、実験を始めるまえにしっかりと価格戦略を練らなければなりません。

オンライン広告

p. 146

価値提案を掲載したオンライン
広告を展開し、模擬販売の需要
を生み出す。

顧客へのインタビュー

p. 106

ニーズをよりよく理解するた
めに、購買意欲を示している
人に連絡する。

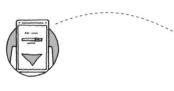

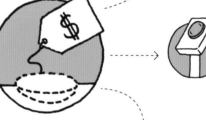

単一機能の MVP

p. 240

単一機能の MVP を作成し、顧客
検証する。

ランディングページ

p. 260

模擬販売の手段として、ランディング
ページを作成する。

模擬販売

パンフレット

p. 194

模擬販売の資料として、価格が掲
載されたパンフレットを使用する。

メール・キャンペーン

p. 162

製品を販売する段階になった
ら、模擬販売で興味を持った
人に最新情報を提供する。

模擬販売

291

シミュレーション

顧客実証

292

実験

模擬販売
作れば顧客がやって来る
Buffer

Buffer（バッファ）の共同創業者であるジョエ
ル・ガスコインが、2010年に自分の寝室で
会社を立ち上げたとき、彼はソーシャルメディア
管理ツールのアイデアがビジネスとして成功する
かどうかわかりませんでした。当時のソーシャル
メディア・マネージャーは、自分で複数のプラッ
トフォームにログインし、コンテンツを投稿して
いました。カレンダーとリマインダーを使い、時
差を超えてログインと投稿に最適な瞬間を通知す
るようにしていたのです。ただ、真夜中に通知が
来てしまうなどの問題があり、理想的とは言い難
いやり方でした。

ジョエルはまず、Twitter専用のスケジュール管理アプリを開発してから、その他のソーシャルメディア・プラットフォームにも拡大しようと考えました。彼はランディングページに「プランと価格」というボタンを追加して、アプリの魅力性を検証することにしました。クリックすると、アプリがまだ準備できていないことを伝えるメッセージとメールアドレス登録フォームが表示されます。

　数人のユーザーから申し込みがあり、興味を持たれていることがわかったものの、もっとエビデンスを集めたいと思いました。

仮説
ジョエルが立てた仮説
Twitterユーザーは、有料の予約投稿サービスに興味がある、と考えました。価格情報を掲載せずユーザーからメールアドレスを集めるだけでは、エビデンスとして不十分でした。ジョエルはこのサービスがビジネスとしてやっていけるかどうかを確かめたかったのです。

実験
複数の月額プランで存続可能性を確かめる
ジョエルは、「無料プラン　1ツイート／日　予約数5件」、「スタンダードプラン　5ドル／月　10ツイート／日　予約数50件」、「マックスプラン　20ドル／月　ツイート数・予約数制限なし」という3種類のプランをランディングページに掲載して存続可能性を検証しました。

　「プランと価格」ボタンをクリックすると、まだ機能が実装できていないことを伝えるメッセージとメールアドレス登録フォームが表示されます。それぞれの価格オプションにはアナリティクスが組み込まれており、価格プランごとのユーザーの登録状況を分析できました。

エビデンス
スタンダードプランが人気
最初の実験でわかったことは、月額5ドルのスタンダードプランが最も人気があるということでした。無料や20ドルのプランと比較すると新規登録数が最も多いことがわかりました。

インサイト
ユーザーは有料サービスに興味を持っている
月額5ドルのプランが人気だとわかり、Bufferのサービスに対するユーザーの期待が明らかになりました。1日1ツイートしか管理できないのでは、これまで通り自分でログインして、ツイートすればいいのです。その一方で無制限にツイート管理できるサービスも顧客は必要としていません。ソーシャルメディア・マネージャーは、スパムツイートだと思われたくなかったからです。お金を払ってでも手間を軽減したいと思うスイートスポット（需給が一致する地点）は1日5ツイートでした。

行動
エビデンスをもとにアプリを開発する
アプリの需要に関するエビデンスとインサイトを得たジョエルは、本格的にアプリを開発することにしました。彼は学習したことをもとに実際の価格を設定しました。最初のうちは、経費を抑えるため顧客の支払情報を手動で処理していました。今では世界中で数十万のユーザーがBufferのサービスを利用しており、1カ月の収益は154万ドルにのぼります。

顧客実証／シミュレーション

同意書

短くてわかりやすい文面で、法的拘束力のない契約書を交わします。

コスト ●○○○○

エビデンスの強さ ●●◉○○○

準備時間 ●○○○○

実行時間 ●●○○○

魅力性　実現可能性　存続可能性

長所：キーパートナーやB2Bの顧客セグメントを評価できる。

短所：B2Cの顧客には適切ではない。

スキル　プロダクト／テクノロジー／法務／財務

準備
- ☐ 同意書の対象者を決める。このビジネスについて知識がある人が望ましい。
- ☐ 自分のビジネスに最適なフォーマットを調べる（相手がB2Bの顧客なのか、それともB2Bのキーパートナーなのかでフォーマットが異なる）。
- ☐ 同意書のテンプレートを作成する。

実行
- ☐ 同意書をターゲットに見せる。
- ☐ メンバーの1人がインタビューを行う。
- ☐ 別のメンバーが顧客の発言、ジョブ、ペイン、ゲイン、身振りをメモする。

分析
- ☐ インタビューのメモをチームで振り返る。
- ☐ 何人の顧客に同意書が渡り、確認され、署名されたのか?
- ☐ 署名してくれた顧客と交渉を続け、ビジネスアイデアを前に進める。

同意書のサンプル
［自分の名前］
［職名］
［会社名］
［会社の住所］

［日付］

［相手の名前］
［職名］
［会社名］
［会社の住所］

［相手の名前］様

下記の条項を確認の上、同意致します。なお、本件につきまして法的拘束力は発生しないものとします。

［パートナーシップの条項を挿入］

以上
［自分の名前］

コスト

同意書は通常1、2ページなので、作成費用はかかりません。オンラインの無料のテンプレートを利用するか、弁護士に依頼して自分のビジネスにふさわしい同意書を作成しましょう。

準備時間

数時間程度です。弁護士に協力を求める場合は1日程度かかると考えておいたほうがいいでしょう。

実行時間

同意書を相手に送り、受け入れるかどうかを確認するだけなので、実行時間は短いです。

エビデンスの強さ

● ● ○ ○ ○ ○

同意書の発送数
同意書の閲覧数
同意書の署名数

同意書の受入率は、「署名された同意書の数÷発送された同意書の数」で求められます。

　同意書には法的拘束力がないので、署名数は弱いエビデンスです。しかし、顧客の発言（パートナーシップを組みたい、商品を買いたいなど）よりも強いです。

● ○ ○ ○ ○ ○

顧客のフィードバック
パートナーのフィードバック
顧客とパートナーの発言

フィードバックは弱いエビデンスですが、定性的インサイトが得られます。

スキル

プロダクト／テクノロジー／法務／財務

法的拘束力のない文書だったとしても、同意書の作成には、基礎的な法律の知識が役に立ちます。パートナーに対する同意書を作成する場合は、主な活動と主なリソースの詳細を明確にしなければなりません。B2B顧客が相手の場合は、価値提案と価格構成をはっきり説明しなければなりません。

要件

ウォームリード

ウォームリード（相手がこちらの価値提案やビジネスに基本的な理解を示していること）がない場合は、同意書はお勧めできません。同意書をメールで送るだけではコンバージョンにつながらない可能性があるので、あらかじめ面談のスケジュールを組み、直接相手に同意書を見せましょう。

**パートナーとサプライヤーへの
インタビュー**

p. 114

同意書を作成するまえに、パートナー
とサプライヤーにインタビューを行い、
彼らが持つ権限の範囲を把握する。

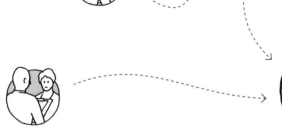

顧客へのインタビュー

p. 106

インタビューのメモを参考に同意書を
作成する。

同意書

単一機能のMVP

p. 240

同意書のパートナーまたは顧客に対
し単一機能のMVPを作成する。

先行販売

p. 274

ソリューションを一般公開するまえに、
先行販売を実施する。

実物大のプロトタイプ

p. 254

実物大のプロトタイプを作成し、顧客
検証を行う。

同
意
書

297

シミュレーション

同意書
造園家に同意書を送る
Thrive Smart Systems

Thrive Smart Systems（スライブ・スマート・システムズ）は、最新のかんがい技術を使ったサービスを提供する会社です。同社のワイヤレスシステムは、かんがいに費やされる時間と費用の大幅な節約に成功しました。

共同創業者のセス・バンガーターとグラント・ロウベリーは、製品開発を完了するまえに顧客の購入意思を確認したいと思っていました。造園家を中心とする多くの顧客が強い関心を示していたものの、どれくらいの量がほしいかと尋ねても、「たくさん」という回答しか得られませんでした。2人がほしかったのは、具体的な数字でした。

Thriveチームは、興味を示した顧客に同意書を送り、購入したい数量を書いてもらうことにしました。通常の同意書に記載される主な要素を盛り込んだテンプレートを作りました。見込み顧客が製品をX個買うと言っているなら、同意書にもX個と記載されるはずでした。

仮説
セスとグラントが立てた仮説
20枚の同意書によってテスト段階で2万5,000ドルを生み出せると考えました。

実験
顧客に同意書への記入を求める
彼らは、興味を示した顧客に購入希望数を同意書に書いてほしいと依頼しました。

何度か回答を受け取ったあと、彼らは同意書のテンプレートを作成して渡しました。

エビデンス
5万ドル以上の予想収益
Thriveチームは広告活動を一切行わず、見込み顧客に同意書の記入を求めるだけで、5万ドル以上の収益が見込めることがわかりました。

インサイト
予想と現実
顧客の発言と行動に大きな違いがあることがわかりました。

たとえば、1,000個買うと言った人が同意書に書いた数は300個でした。また、100個買うと言った人が同意書に書いた数は15〜20個。このことから、セスとグラントは購入プロセスを形式化する方法についてのインサイトを得ました。同意書に拘束力はないものの、購入希望数を書くことは、見込み顧客にとってリスクを感じる行為だったのです。

行動
同意書によるアプローチを繰り返す
実験のあと、セスとグラントは同意書を再検討し、2種類の新しい書類を作成しました。1つは完成品を購入したいと言った顧客に渡す「購入約束」の同意書であり、もう1つはベータ版のテストに参加する意思を示した顧客に渡す「テスト参加」の同意書でした。

顧客実証／シミュレーション

ポップアップ・ストア

商品を販売するために一時的にオープンする小売店。特に流行や季節の商品に有効な実験です。

⬭ ●●●●○
コスト

⚖ ●●●○○
エビデンスの強さ

🕐 ●●●○○
準備時間

⏱ ●●○○○
実行時間

▦ ▧ ◐
魅力性　実現可能性　存続可能性

長所：対面販売を通して、顧客が実際に商品を購入するかどうかを検証できる。

短所：B2Bビジネスには向いていない。ポップアップ・ストアの代わりにカンファレンスでのブース出展を検討しよう。

スキル　デザイン／プロダクト／法務／セールス／マーケティング

準備

☐ ポップアップ・ストアを開店する場所を探す。

☐ 必要な開店手続き（リース契約、ライセンス契約、保険契約など）を行う。

☐ 顧客体験をデザインする。

☐ 実際にどう運営するか計画を立てる。

☐ 顧客に開店日を宣伝する。

実行

☐ ポップアップ・ストアを開店する。

☐ 顧客からこちらが必要としているエビデンスを集める。

☐ ポップアップ・ストアを閉店する。

分析

☐ チームと以下の点を振り返る。

・顧客が興味を示したものは何か？

・顧客が懐疑的な反応を示したものは何か？

☐ どのくらい有意義なインタラクションが行われたのかを振り返る。

・顧客のメールアドレスを収集できたか？

・模擬販売、先行販売、あるいは一般販売は成功したか？

☐ 別のポップアップ・ストアを開店するまえに、分析結果をもとに顧客体験を改善する。

ポップアップ・ストア

301

シミュレーション

コスト

一般的にポップアップ・ストアの規模は小さいですが、費用は他の忠実度の低い実験よりもかかります。費用の大部分はスペースの賃料と広告料であり、立地条件に左右されます。既存の店舗に間借りさせてくれるオーナーが見つかれば、費用を抑えられるでしょう。また、商取引をするためのライセンス契約、販売許可、保険契約などで費用が発生します。

準備時間

立地条件によって数日から数週間かかります。スタッフの人選と店舗の外観に時間をかけましょう。ターゲット顧客があまり訪れない場所なら、宣伝に力を入れて顧客を集めなければならないでしょう。

実行時間

ポップアップ・ストアで大切なのは、短期間で顧客検証を行い、実験結果をまとめ、学習したことを次の実験に活かすことです。そのため、実行期間は数時間から数日と短いです。

エビデンスの強さ

●●○○○

顧客訪問数
メールアドレスの新規登録数
店を訪れ、メールアドレスを提供してくれた人のコンバージョン率。

顧客のフィードバック
店を利用した人の感想。

　訪問した顧客数、メールアドレスの数、フィードバックは比較的弱いエビデンスですが、定性的インサイトを得るには有益です。

●●●●●

先行販売数
模擬販売数
一般販売数
商品にお金を払う意思を示した、または実際にお金を払った人のコンバージョン率。

　販売は、顧客が自分の製品を欲していることを示す強いエビデンスです。

スキル

デザイン／プロダクト／法務／セールス／マーケティング

ポップアップ・ストアの開店と営業のためには、ライセンス契約、販売許可、リース契約、保険契約を締結するための知識が必要になります。また、店の宣伝にはオンライン・マーケティングのスキルが必要であり、顧客とのやり取りにはセールスの経験が必要です。

要件

トラフィック

ポップアップ・ストアが成功するカギは、限られた時間内でニッチな価値を顧客に提供できるかどうかです。顧客を集めるために、以下のような方法で宣伝を行わなければなりません。

・オンライン広告
・ソーシャルメディア・キャンペーン
・メール・キャンペーン
・口コミ

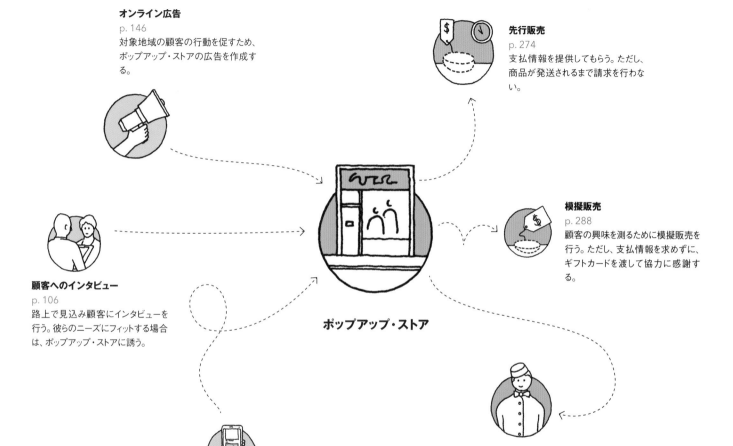

オンライン広告

p. 146

対象地域の顧客の行動を促すため、ポップアップ・ストアの広告を作成する。

先行販売

p. 274

支払情報を提供してもらう。ただし、商品が発送されるまで請求を行わない。

顧客へのインタビュー

p. 106

路上で見込み顧客にインタビューを行う。彼らのニーズにフィットする場合は、ポップアップ・ストアに誘う。

模擬販売

p. 288

顧客の興味を測るために模擬販売を行う。ただし、支払情報を求めずに、ギフトカードを渡して協力に感謝する。

ポップアップ・ストア

ソーシャルメディア・キャンペーン

p. 168

ポップアップ・ストアへの来店を促すため、ソーシャルメディアを利用する。

コンシェルジュ

p. 248

手作業で顧客に製品の価値を伝え、製品を届け、代金を受け取る。

ポップアップ・ストア

シミュレーション

303

顧客実証

☑️

実験

ポップアップ・ストア

期間限定の小売店で検証する
Topology Eyewear

眼鏡ブランドのTopology Eyewear（トポロジー・アイウェア）は、AR（拡張現実）を使った「バーチャル試着」サービスを導入して、オーダーメイドの眼鏡を製造・販売しています。顧客は専用のアプリでセルフィーを撮影し、自分の顔に完璧にフィットする眼鏡のデザインを選択します。Topologyは、このサービスを実現するために次のような実験を行いました。

バーチャル試着は技術的に可能だったものの、顧客が利用するうえでの問題点を特定しなければなりませんでした。

仮説
Topologyチームが立てた仮説

多くの顧客が眼鏡のフィットに問題を持っており、先端技術によるソリューションを歓迎するだろうと考えました。

実験
ポップアップ・ストアを開店する

チームは1日限定で、サンフランシスコのユニオンストリートに面した店舗を借りました。仮の社名を「Alchemy Eyewear」とし、高級感のあるポスターやチラシを作成しました。マーケティング部リーダーのクリス・ゲストが路上でキャッチセールスを行い、眼鏡について質問し、ポップアップ・ストアへの来店を誘いました。顧客が来店すると、Topologyのスタッフがカウンセリングを行い、顧客の悩みをメモする。その後、サービス内容を顧客に説明し、彼らの反応や質問を記録。さらに、スタッフはモデルを使ってアプリのデモを行い、顧客の反応や質問をメモする。最後に、顧客の許可を得て彼らの顔をスキャンし、眼鏡を選ばせました。そして、メールアドレスを教えてくれれば、眼鏡のデザインを保存して送ることができると提案しました。

エビデンス
路上でアーリーアダプターを見つける

路上でのキャッチセールスはあまり期待していなかったものの、2時間で4個の眼鏡が売れました。平均400ドルの売上でした。

メール登録のコンバージョン率は低かったものの、プロセスのどの段階で最大のドロップオフが発生するのかがわかりました。

インサイト
顧客は眼鏡がフィットしていないことに気づいていたが、その原因を知らなかった

ポップアップ・ストアで売り上げた眼鏡は4個でしたが、貴重な定性的インサイトが得られました。

顧客は症状を自覚しているものの、問題を自覚していないことがわかりました。つまり、眼鏡のフィットに問題があるかと尋ねたら、「ノー」と答える一方で、眼鏡がずれたり、きつかったり、鼻あての痕が残ったりするかと尋ねたら、「イエス」と答えたのです。顧客はフィット不良の症状を理解していたものの、それがフィット不良の原因だと考えていなかったのです。この発見はその後のマーケティング・メッセージを方向付けました。

行動
顧客の声を取り入れる

顧客の発言は会社の目的とビジョンに影響を与え、ブランド戦略の中心になりました。

チームはさらにポップアップ・ストアの実験を行い、千人以上の顧客と話をして、価値提案やポジショニング、マーケティング戦略を練り直しました。

顧客実証／シミュレーション

スパイク

ソリューションの技術的およびデザイン的な可能性を調査するためのシンプルなプログラム。
鉄道のレールをスパイク（犬釘）で固定するように、着実にプロジェクトを前へ進めるための
技術検証を行います。

◯ ●●◯◯◯
コスト

⚖ ●●●●●
エビデンスの強さ

🕐 ●◯◯◯◯
準備時間

⏱ ●●◯◯◯
実行時間

✂ ⬡ ⚙ ⛏ 🗄 🏷 📢 🔍 📊
スキル　プロダクト／テクノロジー／データ

▦ ⧗ ◔
魅力性　実現可能性　存続可能性

長所：ソフトウェアを使用して、ソリューションの実現可能性を評価する場合
に向いている。

短所：スパイクは破棄してあとで作り直すので、ソリューションの大規模化に
は向いていない。

準備

☐ アクセプタンス・クライテリア (受け入れ基準) を定義する。

☐ スパイクのタイムボックスを定義。

☐ 開始日と終了日を決める。

実行

☐ アクセプタンス・クライテリアを満たすコードを書く。

☐ コードのナビゲートと必要なテストを行うために、他のメンバーとのペアプログラミングを検討する。

分析

☐ 以下の点に関して発見したことをチームで共有する。

　・パフォーマンス

　・複雑さのレベル

　・アウトプット

☐ アクセプタンス・クライテリアが満たされたかどうかを確認する。

☐ 分析結果に基づき、必要なソリューションを構築、借用、購入する。

スパイク

307

シミュレーション

コスト

ソリューション全体を構築するのではなく、実現可能性を確認するだけなので、費用はあまりかかりません。

準備時間

1日程度かかります。利用できる手法を調査する時間であり、基本的に専門知識を持ったメンバーで調査を行います。

実行時間

1日から2週間程度かかります。ソリューションの実現可能性の検証に専念するための期間です。

エビデンスの強さ

●●●●●

アクセプタンス・クライテリア

スパイク用に定義されたアクセプタンス・クライテリアが満たされた場合のアウトプット。コードは作業を実施し、求められるアウトプットを出したか?

●●●●●

関係者の意見

ソフトウェアを使うためにどれだけ学習が必要か、ソリューションを生み出すという目的に合致しているかどうかについて、スパイクに取り組んでいる関係者が提供する意見。

スパイクは、より大規模なソリューション開発を想定して、コードで検証作業を行っているので、強いエビデンスが得られます。

スキル

プロダクト／テクノロジー／データ

ソリューションがいかに価値提案を生み出すかを明確に伝えるには、プロダクトスキルが必要になります。これには、チームからの質問に回答することや、スピードや品質に関する顧客の期待も含まれます。データスキルもスパイクを可視化したり、分析したりする場合に役立つものです。ただ、最も重要なスキルはテクノロジーとソフトウェアのスキルです。スパイクは通常、コードを書くことで次に取る行動のヒントを得るからです。

要件

アクセプタンス・クライテリア

スパイクを実施するまえに、アクセプタンス・クライテリアとタイムボックスを定義して、ゴールを明確にします。これを怠ると、実験がいつまでたっても終わりません。

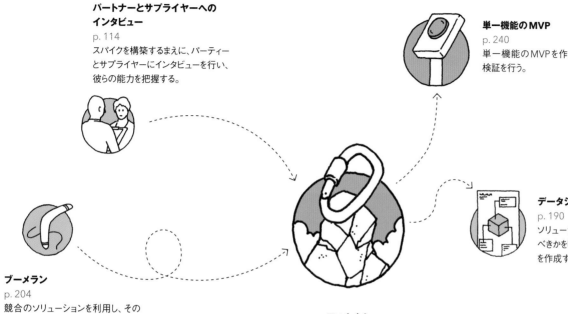

**パートナーとサプライヤーへの
インタビュー**
p. 114
スパイクを構築するまえに、パーティー
とサプライヤーにインタビューを行い、
彼らの能力を把握する。

単一機能のMVP
p. 240
単一機能のMVPを作成して、顧客
検証を行う。

ブーメラン
p. 204
競合のソリューションを利用し、その
性能がどんなものか、どんな技術ス
タックを利用しているのかを調べる。

データシート
p. 190
ソリューションにどんな仕様を含める
べきかを明確にするため、データシート
を作成する。

スパイク

スパイク

シミュレーション

マインド

Mindset

ベセット

「過去の成功が多ければ多いほど、
仮説を批判的に検証しなくなっていく」

———

ビノッド・コースラ
（ベンチャーキャピタリスト）

セクション 4 — マインドセット

4.1 — 実験の落とし穴を避ける

実験の落とし穴

ベストな実験計画が常に成功するわけではありません。私たちは長年さまざまなチームと実験をデザインし、実行し、分析しながらこのことを学んできました。ただ、このプロセスを学ぶことで、実験をより速やかに実施できるようになります。ここでは早期に発見できる実験の落とし穴をまとめています。ぜひ私たちの失敗を活かしてください。

時間の罠
実験にかける時間が少ない

✕
— 実験からリターンを得るには、時間の投資が必要。ビジネスアイデアの検証に十分な時間をかけないチームは、すばらしい成果が得られない。複数の実験をする際に時間を少なく見積もってしまうのは、チームが陥りがちな間違い。

〇
☐ 検証、学習、適応にかける時間を毎週確保する。

☐ 仮説から学ぼうとしていることに関して、毎週ゴールを設定する。

☐ 行き詰まっているタスクがはっきりわかるように、作業を可視化する。

分析まひ
検証してわかったことを活かして先に進むべきところが、つい考えすぎてしまう

✕
— よいアイデアやコンセプトは重要。しかし、考えすぎて時間を無駄にしてしまうチームが多すぎる。大切なのは、外へ出て、検証して適応すること。

〇
☐ 分析作業のタイムボックスを設定する。

☐ あとから変更可能な決定と変更不可能な決定を明確に分ける。そして、前者をすぐに行動に移し、後者の検討に時間をかける。

☐ それぞれの見解に基づく議論を避ける。エビデンスに基づいた議論を行い、その後に決定を下す。

比較できないデータとエビデンス
データが整理されておらず、比較できない

✕
— 正確な仮説、実験、評価基準の定義を怠っているチームが多い。その結果、比較できないデータを生み出してしまう（例：同じ顧客セグメントで実験を行っていない。まったく異なるコンテクストで実験を行ってしまう）。

〇
☐ テストカードを利用する。

☐ 実験の目的、コンテクスト、評価基準を明確にする。

☐ 実験のデザインに関係者全員が参加する。

弱いデータとエビデンス
顧客の発言だけを調べ、
行動を検証しない

確証バイアス
仮説を裏づけるエビデンスしか
信じない

実験が少なすぎる
一番重要な仮説に対して、1
回しか実験を行わない

学習と適応をしない
エビデンスの分析に時間をか
けず、次の行動に活かさない

実験の外注
本来自分たちで行うべき実験
や分析を外部に委託する

×

— サーベイやインタビューだけで満
　足してしまい、実生活における顧
　客の行動を検証しないチームが
　多い。

○

☐ 顧客の発言をうのみにしない。
☐ CTA実験を行う。
☐ 実生活に限りなく近い環境で実
　験を行い、エビデンスを得る。

×

— 仮説と矛盾するエビデンスを無視
　したり、軽視したりするチームが存
　在する。彼らは、自分たちの仮説
　が絶対に正しいと思い込んでい
　る。

○

☐ データの統合プロセスにチーム外
　の人間を招き、異なる視点から意
　見を述べてもらう。
☐ あえて自分たちの信念と対立する
　仮説を立てる。
☐ それぞれの仮説に対して複数の
　実験を行う。

×

— 仮説を実証するためにどの程度
　実験を行えばいいのか知らない
　チームは、1回の実験で得られた
　弱いエビデンスをもとに重要な決
　定を下してしまう。

○

☐ 重要な仮説に対して複数の実験
　を行う。
☐ 弱いエビデンスと強いエビデンス
　を区別する。
☐ 徐々に強いエビデンスを得て、ア
　イデアの不確実性を減らしてい
　く。

×

— 実験に気を取られ、その目的を忘
　れてしまうチームがある。目的は実
　験と学習ではなく、エビデンスやイ
　ンサイトをもとに行動・決断をし、
　アイデアを現実化させること。

○

☐ 実験結果を統合する時間を確保
　し、インサイトを獲得して行動に活
　かす。
☐ 詳細な検証プロセスとアイデアの
　全体像とのあいだを常に行き来し
　て、自分が今観察しているのはど
　ちらのパターンなのかを意識する。
☐ 「アイデアを現実化する道のりを
　進んでいるのか?」ということを考
　える習慣を身につける。

×

— 実験の外注は賢い方法ではない。
　実験プロセスは、アイデアの実験、
　学習、適応を素早く繰り返すこと。
　外部業者ではそのような素早い判
　断を行なわないため、結局のところ
　リソースが無駄になってしまう。

○

☐ 外部業者のために確保しているリ
　ソースを社内のチームに回す。
☐ 検証専門のチームを組織する。

実験の落とし穴を避ける

「自分がすべてを知っているわけではないという
謙虚さが大切です。そして、現状に満足せず、
新しいことを学び続けるのです。
その努力を怠ると、すぐにスタートアップに
立場を奪われてしまうでしょう」

―――――

シェール・ワン
（HTC 共同創業者）

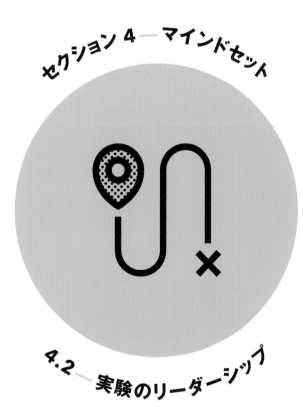

セクション 4 — マインドセット

4.2 — 実験のリーダーシップ

ビジネスモデルを改善するリーダー

言葉づかい

既存のビジネスモデルを改善しようとしているリーダーは、言葉づかいや声の調子に注意を払うべきです。おそらく、知識や経験が豊富だからリーダーになれたのでしょう。

リーダーとして、実験によって既存のビジネスモデルを改善しようとする中、無意識にチームのやる気を削ぐような言葉を使っていないか注意しましょう。こちらからすれば単に意見を述べただけでも、その言葉を聞いたほうは自分の意思決定権が奪われたように感じることがあります。リーダーが実験の担当を割り当てるのをじっと待っているようなチームは、理想的なチームとは言えません。

説明責任

「説明責任」という言葉は、今日の組織において否定的な意味合いを含んでいることが多いですが、そうである必要はありません。締め切りに間に合わせることや機能をリリースすることについて、常にチームに責任を負わせるべきとは限りません。機能は重要ですが、それらはアウトプットであって、成果ではない。単に機能や締め切りを重視するのではなく、ビジネスの成果にフォーカスしましょう。

チームは、どんな実験を行い、ビジネスの成果に向けてどの程度前進しているのかを説明する機会が必要です。リーダーの仕事は、そのような機会を作ることです。

ファシリテーション

ビジネスモデルを改善する際に、チームといかに意見交換をするかということも重要になります。組織の中で高い地位に就くようになると、ファシリテーションのスキルが不可欠であることに気づくでしょう。リーダーシップを向上させるには、ファシリテーションの講座を受講するのがお勧めです。

事業を改善する方法にはさまざまな選択肢があるでしょうが、その中の1つを選ぶのではなく、ファシリテーションスキルを駆使して複数の実験を選びましょう。そうすることで、自分のビジネスにどのアプローチが最適かというエビデンスが得られます。

○

□ 「私たちは……、私たちの……、私たちに……」
□ 「このビジネスの成果を挙げるにはどうすればいいだろうか?」
□ 「あと2つか3つの実験を考えてくれないか」

✗

─ 「私は……、私の……、私に……」
─ 「発売日までにこの機能を提供しよう」
─ 「必要な実験はこの1つだけだ」

「『強気であれ』とは、たとえ不完全であっても、直感にしたがい結論を出すことであり、『執着するな』とは、自分自身の間違いを受け入れることである」

ポール・サッフォ（未来学者）

概要

ビジネスモデルを生み出すリーダー

強気であれ、執着するな

新しいビジネスモデルを生み出すには、実験を行い、アイデアの間違いを認める寛容さが必要です。そのために有効なのがポール・サッフォの「強気であれ、執着するな」というアプローチです。これは、仮説からスタートし、実験でその仮説が間違っていることが証明されたら素直に受け入れるという意味です。自分のアイデアの正しさを証明するだけでは、認知バイアスに陥ってしまいます。

　たとえば、ステークホルダーを交えた戦略会議に参加したチームは、検証した内容と今後の計画を共有することになります。そのような場で、もし自分のアイデアと矛盾するデータを無視して会議を進めようとすれば、みなフラストレーションを溜めてしまうでしょう。そのような態度は、自分が築こうとしている実験文化を崩壊させる原因になるのです。

○

☐ 「あなたの学習目標は何か?」

☐ 「進捗を妨げている障害で私が取り除けるものは何か?」

☐ 「この問題に対するアプローチとして、他にどんなものがあるだろうか?」

☐ 「どんな発見に驚いた?」

✕

− 「このデータを信用していない」

− 「このアイデアがいいと思っている。とにかくプロジェクトを前に進めよう」

− 「千人の顧客の意見を聞かないと、意味のある結果は得られない」

− 「このアイデアは、来年末までに1,500万ドルのビジネスになっていないといけない」

リーダーに
求められる行動

プロセス、評価基準、文化など実験に適した環境を構築する

ビジネスアイデアの検証を促す環境作りはリーダーの重要な役目です。チームに十分な時間とリソースを与え、繰り返し検証できるようにしなければなりません。実行用とは別に検証用のプロセスや評価基準の確立も必要であり、ときには事業計画を白紙にする決断を下さなければなりません。また、チームが素早く意思決定できるよう自主性を与えて、過度な干渉をしないようにすることも大切です。

障害を取り除き、門戸を開放する
――顧客、ブランド、知的財産、その他のリソースへのアクセスを認める

内部の専門知識や特殊なリソースにアクセスできないといった問題にチームが直面したら、リーダーの出番です。また、必要に応じて、チームが顧客にアクセスできるよう支援しなければなりません。アイデア検証のために、顧客に容易にアクセスできるイノベーションチームやグロースチームは驚くほど少ないです。

エビデンスに基づいて意思決定を変更する

リーダーは、自らの深い経験や豊富な実績から決定を下すことに慣れているものです。ところが、イノベーションや起業において、過去の経験は未来を見通し、変化に適応することの妨げになったりします。検証で得られたエビデンスは意見に勝ります。リーダーの役割は、自分の好みではなく、エビデンスに基づいたアイデアでチームを動かすことです。

回答よりも質問をする
――チームが成長し、アイデアを練り直すことを支援する

リーダーはチームが実生活で有用な価値提案やビジネスモデルを開発するよう働きかけなければなりません。そのためには、質問スキルを磨き、チームが開発する価値提案やビジネスモデルに関する実験、エビデンス、インサイト、パターンについてしつこく質問することが重要です。

多くのリーダー を生み出す

半歩先のチームに会う

リーダーはチームをうっかり置き去りにしたりせず、共に歩んでいく必要があります。チームにどう成長してほしいかをイメージし、そこから逆算し、どんな道をたどればそこに到達できるかを考えます。そして、現状を把握し、その道へと促します。1on1（ワンオンワン）やレトロスペクティブ、あるいは立ち話でもいいので、メンバーと積極的に交流し、最初の一歩を踏ませましょう。

アドバイスをするまえに状況を理解する

リーダーはチームメンバーにアドバイスをするまえに、彼らの話に耳を傾け、状況を理解することが必要です。最後まで話をさせ、話が一区切りしたら、状況を理解しているかどうか確認するための質問を行う。アドバイスはそれからです。彼らの話をさえぎって、早とちりのアドバイスをしないように気をつけましょう。

「わからない」（I don't know）と言う

リーダーの中には素直に「わからない」と言えない人がいるようです。リーダーに「チームメンバーに対して最後に『わからない』と言ったのはいつですか?」と聞くと、「昨日」とか「一度も言ったことがない」などさまざまな答えが返ってきます。後者の場合は問題ありです。

リーダーは常に答えを持っていなければならないというプレッシャーを想像してみましょう。そんなことは不可能です。イノベーションや起業家精神の文化を構築するにあたり、何でも知っているかのように振る舞うことは最悪です。チームが実験でエビデンスを得ると、すぐに嘘がばれてしまいます。さらに悪いことは、間違いが明らかになったときに、リーダーであることを否定されたように感じてしまうことです。だから、見栄を張る代わりに、素直に「わからない」と言う習慣をつけましょう。

「あなたならどうする?」とか「どうすればいいと思う?」などの質問を続けるとなおよいでしょう。それにより、チームはリーダーがすべての答えを知っているわけではないし、知らなくてもいいことを理解します。つまり、「わからない」と言うことで、リーダーとしての手本を示すことができるのです。

「どんなによい人でも、悪いシステムには勝てない」

―――――

W・エドワーズ・デミング
（統計学者、作家）

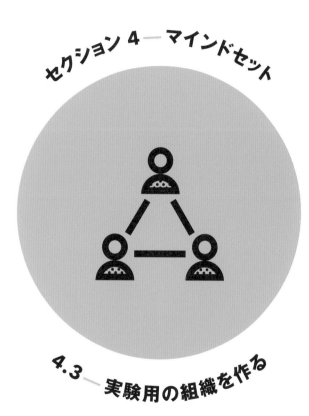

セクション 4 ― マインドセット

4.3 ― 実験用の組織を作る

サイロVS役割
横断型チーム

今日の企業の組織構造は、大部分が工業化時代の価値観に基づいています。たとえば、自動車のような製品を組み立てる場合は、まず工場が必要であり、次いで製造プロセスをタスクに分割し、組み立てラインを作り、従業員に同じタスクを何度も繰り返させる。こうした方法は、ソリューションがわかっている場合にうまくいきます。ソリューションを効率的に実現する方法を分析できるからです。現代の企業でも、プロジェクトを立ち上げ、タスクに分割し、各部署（機能）にタスクを割り当てる、という同じような方法を採用しています。このような部署ごとにタスクをまとめる方法は、問題やソリューションを正確に理解し、さらに何も変化が起きない場合なら機能します。

その一方で、過去数十年の経験でわかったのは、ソリューションがわかっている場合は稀だということです。ソフトウェア業界では特にそうです。今日の市場は流行り廃りが激しく、ソリューションが既知であり、何も変化が起きないというケースは少なくなりつつあります。そのため、従来のサイロ型組織から、よりアジャイルな役割横断型チームへの転換が起こっています。新しいビジネスアイデアを検証する場合、スピード（速さ）とアジリティ（機敏さ）は不可欠な要素です。役割横断型チームなら、機能別サイロ型チームよりも素早く適応できます。多くの会社にとって、小規模で専門的な役割横断型チームは、巨大でサイロ化されたプロジェクトチームよりも多くの成果が挙げられるのです。

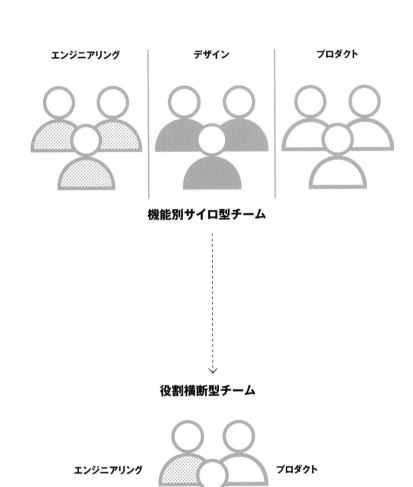

ベンチャーキャピタリストのように考える

もう1つ、旧態依然としたモデルが存在します。それが予算です。多くの会社は、いまだに昔ながらの年次予算管理を行っています。この方法は、組織のアジリティを阻害し、チームの悪癖の土壌になります。たとえば、自分の部署が予算を使い切らなかったとしましょう。その場合、おそらく新年度の予算は削られるはずです。結果として、予算は最も効果のある活動ではなく、年度末に資金を残さないための活動に費やされることになります。また、年次予算ではいわば打席数が限られてしまいます。一発のホームランを狙うより、安定的にヒットを打てるスイングをするほうが奨励されてしまいます。そのような場合、ベンチャーキャピタルのコミュニティが参考になります。ただ残念ながら、下記の図で示す通り、ベンチャーキャピタル型に比べ、企業内のイノベーションでは余裕度も自主性もやや制限されてしまいます。

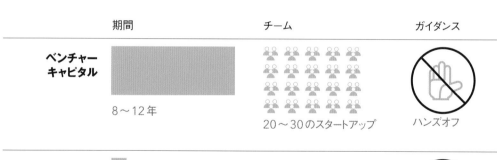

イノベーション・ポートフォリオ

年次予算方式ではなく、ベンチャーキャピタル型のアプローチを採用する会社が増えています。この方法により、リーダーは一連のビジネスアイデアに徐々に予算額を増加させ、成功しているアイデアにダブルダウン（倍賭け）できます。また、1つか2つのプロジェクトに多額の資金を投入するのではなく、打席数を大幅に増やし、ユニコーンを目指すことができます。

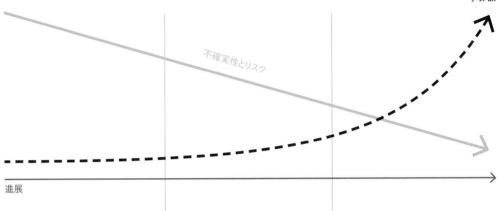

予算額

不確実性とリスク

進展

	シード期	ローンチ期	グロース期
予算額	5万ドル未満	5万ドル超	50万ドル超
チームの規模	1-3人	2-5人	5人以上
チームメンバー 1人あたりの時間	20-40%	40-80%	100%
プロジェクトの数	多い	中程度	少ない
目標	顧客の理解、コンテクストの把握、支払意思の確認	関心の高さの実証、収益性の確認	小規模モデルの実証
KPI	・市場の規模 ・顧客のエビデンス ・問題とソリューションのフィット ・ビジネスチャンスの規模	・価値提案のエビデンス ・財務のエビデンス ・実現可能性のエビデンス	・製品と市場のフィット ・新規顧客の獲得と既存顧客の維持に関するエビデンス ・ビジネスモデルのフィット
実験のテーマ	50-80%　0-10%10-30%	30-50%　10-40%　20-50%	10-30%　40-50%　20-50%

凡例：
- 魅力性
- 実現可能性
- 存続可能性

投資委員会

ベンチャーキャピタル型アプローチのもう1つ重要な点は、リーダーたちで構成された小規模な投資委員会を設け、プロセスを前へ進めるということです。このリーダーは予算決定権を持っていなければなりません。というのは、シード期、ローンチ期、グロース期へとチームがステップアップする支援を提供するからです。通常、資金提供の決定はステークホルダーを交えたマンスリー・レビュー（80ページ参照）で行われます。ステークホルダーのレビューは毎月開催されることが望ましいですが、投資決定に関しては、事業の種類に応じて、3～6カ月の間隔を設けたほうがいいでしょう。以下は、投資委員会を組織する際のガイドラインです。

委員会を組織する

- ・3～5人のメンバー：素早い決断を下せるように、委員会は少人数で構成される。
- ・外部メンバー：ポートフォリオに対する新しい見方が必要な場合は、外部メンバーや客員起業家（EIR）の参加を検討する。
- ・意思決定権：予算承認の決定を下せるメンバーを含める。
- ・起業家精神：メンバーは起業家としてのバックグラウンドを持っていなくてもいいが、現状を打破したいという意思は必要。保守的なメンバーが多いと、イノベーションの妨げになる。

ワーキングアグリーメント（作業合意）を決める

チームを委員会に招いて提言を行うまえに、委員会のワーキングアグリーメントを決めましょう。たとえば、以下のようなルールを明文化し、メンバー全員に合意してもらいます。

- ・時間厳守：委員会のメンバーは、マンスリー・レビューを他の予定よりも優先すること。そうでないと、チームは自分たちのプロジェクトが重要なのかどうか迷ってしまう。
- ・ミーティングで決定を下す：チームのまえで決定を下す。プロジェクトをこのまま進めていいのか疑問を抱きながら退席させないこと。
- ・エゴを捨てる：チームはどんな実験を行ったか、これからどのようにプロジェクトを進めるかを説明する。リーダーの仕事は彼らの話を聞くことであり、議論をすることではない。

環境を育成する

この委員会は、10ページで紹介したチーム環境を作る責任を一部担っています。

　リーダーの支援がなければ、たとえチームが役割横断型であり、適切な行動を取れたとしても、長く存続することはできないでしょう。

　チームが抱えている問題は次のようなものがあります。委員会として、どのようにチームを支援するか考えることが大切です。

- ・時間
- ・マルチタスク
- ・資金
- ・技術援助
- ・リソースへのアクセス
- ・方向性

おわ
Afterword

りに

用語集

アイデア出し
グループセッションでアイデアを創出し明確にするプロセス。

アサンプションマップ
魅力性、実現可能性、存続可能性の仮説を明確にし、決定を下すためのチームの取り組み。

アフィニティソート
アイデアやデータを整理する方法。互いの関係性をもとにしてカテゴリーやテーマごとに分類する。

エスノグラフィー
人間の日常生活における行動を観察・研究すること。

エビデンス
実験によって得られたデータ。または現場で収集したデータ。（ビジネス）仮説、顧客インサイト、あるいは価値提案、ビジネスモデル、環境に関する考えを実証または反証する。

学習カード
調査と実験からインサイトを獲得するための戦略的な学習ツール。

仮説
戦略、ビジネスモデル、価値提案から引き出された考えであり、アイデアが部分的または全部機能するために真でなければならないが、まだ実証されていないもの。

価値提案（バリュー・プロポジション）
製品やサービスから顧客が期待できる恩恵を表す。

環境マップ
価値提案やビジネスモデルのデザイン・管理におけるコンテクストを表現する戦略的な予測ツール。

ゲインクリエーター
ゲインを生み出す製品やサービス。ジョブを完了させることで顧客が望み、期待し、求める結果や恩恵を得られるようにするもの。

行動
ビジネスアイデアを検証し、リスクを軽減して次のステップに進むこと。多くのデータに基づいて、アイデア検証の断念、ピボット、反復、継続の決定を下す。

顧客インサイト
よりよい価値提案やビジネスモデルのデザインに役立つ、顧客理解に関する重要な、または些細なブレイクスルー。

顧客開発
スティーブン・ブランクが考案した4つのステップからなるプロセス。ビジネスモデルの根底にある仮説を顧客やステークホルダーとともに繰り返し検証し、リスクや不確実性を減らす。

顧客のゲイン
顧客が獲得することを望む結果や恩恵。

顧客のペイン
ジョブの実現の妨げとなるため、顧客が避けたい悪い結果、リスク、障害。

顧客プロフィール
バリュー・プロポジション・キャンバスの右側を構成するビジネスツール。価値創出の対象となる顧客セグメント（またはステークホルダー）のジョブ、ペイン、ゲインを視覚化する。

コンバージョン
顧客が広告などにアクセスして、ビジネスにとって価値がある行動を起こすこと。

実験
価値提案やビジネスモデルの仮説を実証または反証し、エビデンスを生み出す方法。ビジネスアイデアの不確実性とリスクを軽減する。

実現可能性
製品やサービスを作れること。製品やサービスを作るためのリソースがあり、基盤が整備されていること。

実証
仮説の正当性や根拠を確認すること。

ジョブズ・トゥ・ビー・ダン（ジョブ）
顧客が仕事または人生において成し遂げようと思っていること。

進捗表
ビジネスモデルや価値提案のデザインプロセスを管理し、成功までの進捗を記録する戦略的な管理ツール。

ステークホルダー
正当な利害関係を持つ人のことであり、こちらのビジネスに影響を与えたり、逆にこちらのビジネスから影響を受けたりする。

製品とサービス
価値提案を顧客に見える形で表したもの。

前提
真実だと信じている意見やファクト。エビデンスがないまま当然のことだと思い込んでいること。

測定基準
確認と評価を行う際に用いられる定量化可能な測定値。

ソロプレナー
ソロアントレプレナー（個人起業家）の略称。

存続可能性
製品やサービスが利益を上げられること。製品やサービスの製造コストよりも大きい収益が得られると示すエビデンスがあること。

タイムボックス
タスクを完了させなければならない期限。アジャイル方式に由来する。

チームマップ
チームメンバーが生産的なミーティングを行えるようにするためのビジュアルツール。ステファノ・マストロジャコモが開発。

忠実度
プロトタイプが製品やサービスをどのくらい正確に再現しているか。プロトタイプの細部や機能がどの程度充実しているか。

デイリー・スタンドアップ
チームがプロジェクトの進捗を意識するために毎日行われる短時間のミーティング。アジャイル方式に由来する。

テストカード
調査と実験をデザイン・構築するための戦略的な検証ツール。

ドット投票
参加者が好ましい選択肢にドットステッカー（丸形のシール）を貼って投票を行うこと。ステッカーの数には上限を設ける。

バリュー・プロポジション・キャンバス
製品やサービスをデザイン、検証、構築、管理するための戦略的な管理ツール。ビジネスモデル・キャンバスと完全に統合できる。

バリュー・プロポジション・デザイン
価値提案を、そのライフサイクルを通じてデザイン、検証、構築、管理するプロセス。

バリューマップ
バリュー・プロポジション・キャンバスの左側を構成するビジネスツール。製品やサービスが、ペインの軽減とゲインの創出によって、どう価値を作り出すか明確にする。

反復アプローチ
実験を繰り返して、望ましい結果を得る手法。

ビジネスモデル
組織がいかに価値を創出し、提供し、獲得するかについての論理的根拠。

ビジネスモデル・キャンバス
（利益性が高く、拡張性のある）ビジネスモデルをデザイン、検証、構築、管理するための戦略的な管理ツール。

フィット
バリューマップの要素が関連する顧客セグメントのジョブ、ペイン、ゲインと一致し、多数の顧客が自分のジョブ、ペイン、ゲインを満たすため、お金を払って価値提案を得る状況のこと。

プロトタイプ
別バージョンの価値提案やビジネスモデルの魅力性、実現可能性、存続可能性を確認するため、低コストかつ短時間で作られる研究用の模型。

分散型チーム
メンバーが地理的に離れた場所で活動するチームのこと。リモートワーキング。

ペインリリーバー
ジョブ完了の妨げとなる悪い結果、リスク、障害を取り除いたり、軽減したりする製品やサービス。

魅力性
顧客が製品やサービスをほしいと思うこと。顧客がその製品やサービスを利用して問題を解決したいと思うと示すエビデンスがあること。

リーンスタートアップ
構築、検証、学習のプロセスを繰り返し、製品開発における無駄と不確実性を取り除く手法。顧客開発プロセスをもとにしてエリック・リースが提唱。

B2B
ビジネストゥビジネス。企業間で製品やサービスを交換すること。

B2C
ビジネストゥコンシューマー。企業と一般消費者のあいだで製品やサービスを交換すること。

CSAT（=Customer Satisfaction）
顧客満足度の略。

CTA（=Call to Action、行動要請）
ある行動を促すもの。1つまたは複数の仮説を検証する実験で利用される。

KPI（=Key Performance Indicators、重要業績評価指標）
組織の目標達成度を評価するための計測指標。

MVP（= Minimum Viable Product、実用最小限の製品）
1つ以上の仮説を実証または反証するため具体的にデザインされた価値提案のモデル。

謝辞

本書は私の妻エリザベスの愛と助力がなければ完成することはありませんでした。彼女は長年にわたってすばらしいパートナーであり、私をいつも励ましてくれました。私たちの子供からも愛と執筆に集中する時間をもらいました。キャサリン、イザベラ、ジェイムズ、応援ありがとう。私は君たちの父親で幸せだ。

共著者のアレックス・オスターワルダーにも感謝を。アレックスは本書を通して優れたガイダンスとインサイトを与えてくれました。彼がこの野心的な試みに参加してくれたことは、私の名誉であり喜びです。アラン・スミスとストラテジャイザーのメンバーにも謝意を表したいです。彼らはこの美しいデザインの本を作るため、長いこと尽力してくれました。

『ビジネスアイデア・テスト』は、偉大な先人の業績をもとにして書かれた本です。長年にわたって私の思考にさまざまな影響を与えてくれた人たちへ、今この本が存在しているのは、あなたたちのおかげです。みな自分のアイデアを世間に発表するという勇気を持った人たちです。

これらのアイデアを実践し続けたエリック・リース、スティーブン・ブランク、ジェフ・ゴーセルフ、ジョシュ・セイデン、ギフ・コンスタブル、ジャニス・フレイザー、ジェイソン・フレイザー、アッシュ・マウリャ、ローラ・クライン、クリスティーナ・ウォドキー、ブラント・クーパー、パトリック・ヴラスコヴィッツ、ケイト・ラター、テンダイ・ヴィキ、バリー・オライリー、メリッサ・ペリ、ジェフ・パットン、サム・マカフィー、テリーザ・トーレス、マーティ・ケーガン、ショーン・エリス、トリスタン・クローマー、トム・ローイそしてケント・ベックに感謝します。

本というのは、巨大なウォーターフォール型プロセスのようなものです。私たちは途中でイテレーション（反復）しながら、コンテンツの検証にベストを尽くしました。最後に校正を担当してくれた方たち、そして早い段階でフィードバックをくれた方たちに感謝します。本書が今ある形に仕上がったのは、みなさんのインサイトのおかげです。

デイビッド・J・ブランド（2019年）

起業に関する偉大な研究者の1人であり、よき友人、よき師でもあるスティーブン・ブランクに特に感謝します。彼の顧客開発プロセス、彼が創始したリーンスタートアップ・ムーブメント、そして彼の個人的な励ましがなかったら、本書は、「よくある事業計画」──コンセプトはすばらしいものの、現実に根差していない──にすぎなかったでしょう。スティーブンの思想や経験、さらには「建物から外へ出ろ」（getting out of the building）という発想や顧客検証のアイデアなどはすべて、私の考えの土台となっています。本書のアイデアの多くは、スティーブンとの長い会話中に、そして彼の美しい農場で散歩している途中に見つけたものです。

アレックス・オスターワルダー（2019年）

著者
デイビッド・J・ブランド
起業家、経営アドバイザー、講演者

334 デイビッドは、サンフランシスコ・ベイエリア在住の起業家兼経営アドバイザーであり、作家でもある。2015年、リーンスタートアップ、デザイン思考、ビジネスモデル・イノベーションの手法を用いて企業が製品と市場のフィットを見出すことを支援するPrecoilを設立。世界中の企業で新規の製品やサービスの実証実験を支援してきた。経営アドバイザーを始めるまえに、10年以上技術系スタートアップの事業拡大に携わってきた。シリコンバレーの複数の起業家育成プログラムで講師を務め、スタートアップ・コミュニティの発展に貢献している。

@davidjbland
precoil.com

共著者
アレックス・オスターワルダー
起業家、講演者、ビジネス思想家

2015年、アレックスは「経営思想のアカデミー賞」と呼ばれるThinkers50に選出され、ストラテジーアワードを受賞した。2019年にはThinkers50の第4位にランクインしている。

　フォーチュン500企業でたびたび講演し、ウォートン、スタンフォード、バークレー、IESE、MIT、KAUST、IMDなど世界中の大学やビジネススクールに客員講師として招かれ、講義を行ってきた。また、バイエル、ボッシュ、WLゴアなどの一流企業や、マスターカードをはじめとするフォーチュン500企業の戦略・イノベーション関連のプロジェクトに参画している。

@AlexOsterwalder
strategyzer.com/blog

デザインリーダー
アラン・スミス
起業家、探検家、デザイナー

アランは好奇心や創造力が豊かで、さまざまなことに疑問を抱き、自分が見つけた答えをシンプルで実用的な視覚ツールとして表現する才能がある。適切なツールがあれば、ユーザーは高い目標を目指すことができ、価値のあるものを生み出せると考えている。

　アレックス・オスターワルダーとともにストラテジャイザーを設立したメンバーでもあり、優秀なチームとプロダクトの開発を行っている。ストラテジャイザーの書籍、ツール、サービスは、世界中のリーディングカンパニーで使われている。

strategyzer.com

デザインリーダー

トリッシュ・パパダコス
デザイナー、写真家、クリエーター

トリッシュは、トロントのヨークシェリダン・ジョイント・プログラムでデザインの学士を取得し、ロンドン芸術大学セントラル・セント・マーティンズ校でデザイン修士を取得した。

　母校でデザインを教えるほか、受賞歴のあるデザイン事務所で働き、いくつかのビジネスを立ち上げた経験がある。ストラテジャイザーチームとの共同作業は今回で4度目である。

@trishpapadakos

デザイン補助

クリス・ホワイト
エディトリアルデザイナー

アランとトリッシュは、プロジェクト成功の原動力になってくれたクリスの助力に感謝している。

イラストレーション

オーウェン・ポメリー
ナラティブイラストレーション

アイデアを適切に表現するため、忍耐強く作業に取り組んでくれたオーウェンに深く感謝する。

owenpomery.com

アイコンデザイン

b Farias
コントリビューター

本書では、アイコン配布サイトNoun Projectに投稿されているb Fariasの作品を使用している。

アイコン：チーム、電球、乱用の通報、フラスコ、視覚化、ギア、望遠鏡、チェックボックス、どくろ、行き先、メモ用紙、ダッシュボード、いいね、クリップボード、円グラフ、化学の本、マップピン、トロフィー、アカデミックキャップ

thenounproject.com/bfarias

ストラテジャイザーは、最高の
テクノロジーとコーチングであなたの
会社の変革と成長をサポートします。

詳しくはStrategyzer.com （英語版）を
ご覧ください。

変革
変化を生み出す
ストラテジャイザーのクラウドアカデミー・コース・
ライブラリーでスキルを習得する

洗練された実験ライブラリーでビジネスアイデアを検
証し、顧客やビジネスにとっての価値を創造する。

成長
成長を創造する
成長努力のシステム化と大規模化

成長戦略、イノベーションを生む土壌の評価、イノ
ベーション・ファネルのデザイン、スプリント、評価
基準。

訳者紹介

杉田 真 (すぎた まこと)

英語翻訳者。日本大学通信教育部文理学部卒。訳書に『データ駆動型企業──「自律的意思決定」でビジネスを加速する5つのステージ』(日経BP)、『e-エストニア──デジタル・ガバナンスの最前線』(共訳、日経BP)『激情回路──人はなぜ「キレる」のか』(共訳、春秋社)など。

| ブックデザイン | 武田 厚志 (SOUVENIR DESIGN INC.) |
| 組版・レイアウト | 木村笑花・永田理恵 (SOUVENIR DESIGN INC.) |

ビジネスアイデア・テスト
事業化を確実に成功させる44の検証ツール

2020年11月24日　初版第1刷発行

著者	デイビッド・J・ブランド
	アレックス・オスターワルダー
訳者	杉田 真
発行人	佐々木 幹夫
発行所	株式会社 翔泳社 (https://www.shoeisha.co.jp)
印刷・製本	日経印刷株式会社

ISBN978-4-7981-6620-9

Printed in Japan